Disayangi, Dipilih dan Keseluruhan:

Perjalanan 30 Hari dari Penolakan kepada Pemulihan

Oleh

Zacharias Godseagle ;

Duta Isnin O. Ogbe ;

Selesa Ladi Ogbe

-

Zacharias Godseagle;

Ambassador Monday O. Ogbe;

Comfort Ladi Ogbe

Halaman Hak Cipta

Reka Bentuk Muka Depan oleh God's Eagle Team
Dicetak di Amerika Syarikat
Edisi Pertama, 2025

Diterbitkan oleh
Zachariah Godseagle dan
Kementerian Helang Tuhan – PERMATA
https://www.otakada.org

Untuk kebenaran, pertanyaan atau pelesenan kumpulan, sila hubungi: ambassador@otakada.org

Mengenai Buku

Adakah anda bosan dengan perasaan tidak diingini, diabaikan, atau seperti anda tidak akan dapat mengukurnya?
Disayangi, Dipilih dan Sepenuhnya: Perjalanan 30 Hari dari Penolakan ke Pemulihan adalah lebih daripada kebaktian—ia adalah jemputan yang memberi kehidupan untuk menemui semula nilai sebenar anda, menuntut semula identiti anda dan bangkit ke dalam kesempurnaan siapa yang Tuhan ciptakan anda.

Ditulis daripada kedua-dua perspektif lelaki dan perempuan dan dijalin dengan kisah-kisah Michael dan Grace yang penuh emosi dan penuh emosi, perjalanan transformatif ini menawarkan penyembuhan harian melalui tulisan suci, renungan hati, doa strategik dan jurnal berpandu. Sama ada anda sedang bertarung dengan luka sejak zaman kanak-kanak, perhubungan, kementerian atau kepimpinan, buku ini akan membawa anda daripada abu penolakan kepada keindahan pemulihan.

Anda akan belajar bagaimana untuk:

- ***Bebaskan diri dari pembohongan ketidaklayakan dan keraguan diri***
- ***Senyapkan gema pengkhianatan masa lalu dan luka emosi***
- ***Hayati identiti yang diberikan Tuhan anda sebagai disayangi, dipilih, dan utuh***
- ***Maafkan sedalam-dalamnya dan berjalanlah dengan damai***
- ***Temui tujuan dan gunakan cerita anda untuk menyembuhkan orang lain***

Setiap hari akan menarik anda lebih dekat kepada hati Bapa, memperbaharui fikiran anda dan memulihkan jiwa anda. Ini masa anda. Ini adalah penyembuhan anda. Ini adalah **perjalanan anda kembali kepada keutuhan** . Dengan kasih sayang dari **Zakaria; Amb . Ogbe dan Comfort Ladi**

Kata kunci untuk Disayangi, Dipilih dan Keseluruhan: Perjalanan 30 Hari dari Penolakan ke Pemulihan -

- ***Penyembuhan dari penolakan kebaktian***
- ***Kebaktian Kristian untuk penyembuhan***
- ***Mengatasi penolakan dengan iman***
- ***Kebaktian 30 hari untuk penyembuhan emosi***
- ***Berbakti untuk hati yang patah***
- ***Mencari identiti dalam kebaktian Kristus***
- ***Pemulihan selepas penolakan pembelajaran Alkitab***
- ***Kebaktian cinta dan penyembuhan Tuhan***
- ***Kebaktian Kristian untuk harga diri***
- ***Panduan doa untuk penolakan penyembuhan***
- ***Kebaktian Alkitab penyembuhan emosi***
- ***Kebaktian untuk pemulihan rohani***
- ***Penyembuhan daripada kebaktian yang ditinggalkan***
- ***Berbakti untuk patah dan penyembuhan***
- ***Perjalanan ke kebaktian pemulihan***
- ***Berbakti pada redha Allah***
- ***Kebaktian penyembuhan berasaskan iman***

- ***Buku kebaktian Kristian yang memberi inspirasi***
- ***Berbakti untuk mengatasi penolakan dan kesakitan***
- ***Berbakti dengan panduan doa untuk penyembuhan***

dedikasi

Kepada semua orang yang pernah merasa tidak layak, tidak disayangi, tidak dilihat, atau tidak diingini— Buku ini adalah untuk anda.

Kepada anak yang ditinggalkan, pemimpin yang dikhianati, pasangan yang ditolak, kawan yang terlepas pandang— Perjalanan ini adalah penyembuhmu.

Kepada setiap lelaki dan wanita yang telah menangis dalam diam, meragui nilai mereka, dan mempersoalkan tempat mereka
Anda tidak sendirian.

Dan kepada Dia yang melihat, menyembuhkan, memulihkan, dan tidak pernah menolak—Yesus Kristus, Penebus kami—Segala kemuliaan dan kehormatan adalah milik-Mu.

Ucapan terima kasih

Pertama dan terpenting, kami memuliakan **Tuhan Yang Maha Kuasa** , Penyembuh hati yang patah, Pemulih takdir, dan Dia yang tidak pernah menolak mereka yang datang kepada-Nya.

Kepada **Roh Kudus** , Penghibur, Penasihat, dan Sahabat yang tetap kami—terima kasih kerana menghembuskan kehidupan ke dalam halaman ini dan membimbing setiap perkataan dengan tujuan.

Kepada **lelaki dan wanita yang kisah mereka mengilhami ibadah ini** , sama ada secara langsung atau tidak langsung—terima kasih atas kelemahan dan keberanian anda. Perjalanan anda mengingatkan kami bahawa tiada kesakitan yang disia-siakan di tangan Tuhan.

Kepada **pendoa syafaat, mentor, dan bapa serta ibu rohani** yang telah berdoa, bernubuat, dan mencurahkan ke dalam penglihatan ini—sokongan anda adalah asas.

Terutamanya kami ingin mengucapkan terima kasih kepada Billy Graham dari ingatan yang diberkati atas sumbangan tentang **BAGAIMANA UNTUK LAHIR SEMULA. Jadi tidak ternilai untuk proses penyembuhan dan pemulihan. Tuhan memberkati ANDA!**

Kepada **pasukan di God's Eagle Ministries – GEMs** , terima kasih atas sokongan anda yang tidak putus-

putus dan komitmen tanpa jemu untuk menyebarkan penyembuhan dan kebenaran di seluruh dunia.

Kepada semua orang yang telah melalui penolakan dan masih berani untuk percaya lagi— **buku ini adalah penghormatan kepada ketabahan anda.**

Dan kepada anda, pembaca-terima kasih kerana membuka hati anda untuk penyembuhan. Semoga perjalanan ini membawa anda ke dalam kehidupan pemulihan, identiti, dan tujuan ilahi.

pengenalan

Penolakan adalah salah satu pengalaman paling menyakitkan dalam hidup. Ia datang secara senyap, tetapi ia bercakap dengan kuat. Ia berbisik bahawa anda tidak cukup baik, tidak dikehendaki, tidak layak. Sama ada ia datang daripada ibu bapa yang menjauhkan diri, pasangan yang mengkhianati cinta anda, pemimpin yang tidak pernah mempercayai anda, atau sistem yang mengabaikan anda—ia meninggalkan kesan pada jiwa.

Saya telah melalui penolakan. Saya pernah merasakan pedihnya kerana salah menilai, ditinggalkan, dan ghaib. Tetapi saya juga telah menemui sesuatu yang lebih hebat: cinta yang tidak pernah gagal, suara yang memanggil saya terpilih, dan penyembuhan yang tidak dapat ditahan oleh luka. Penemuan itu melahirkan kebaktian ini.

"Dikasihi, Dipilih dan Seluruh" bukan sekadar gelaran—ia adalah identiti ketuhanan anda.

Perjalanan selama 30 hari ini dibuat dengan belas kasihan, Kitab Suci dan kisah kehidupan sebenar untuk membantu anda beralih daripada bayang-bayang penolakan kepada cahaya pemulihan. Anda akan bertemu **Michael** dan **Grace** , dua suara yang boleh dikaitkan yang menggambarkan perjuangan dan kejayaan yang kita semua hadapi dalam perjuangan untuk menjadi milik. Melalui kisah mereka—dan kisah anda sendiri—anda akan mendedahkan kebenaran, menghadapi pembohongan, dan menemui semula Dia yang tidak pernah menolak anda: Tuhan.

Setiap hari menawarkan anda:

- **Kisah yang boleh dikaitkan untuk menarik minat anda**
- **Kebenaran dari Kitab Suci untuk menambat anda**
- **Renungan untuk menggugah hati**
- **Doa untuk menyelaraskan semangat anda**
- **Gesaan jurnal untuk membantu anda memproses penyembuhan anda**

Buku ini adalah ruang selamat anda. Ia adalah untuk mereka yang patah hati, yang kuat tetapi letih, dan yang menderita dalam diam. Sama ada anda membaca ini dari tempat sakit segar atau dari parut yang masih sakit, saya ingin anda tahu:

Anda tidak bersendirian. Anda amat disayangi. Anda terpilih. Dan ya—anda sihat.

Biarkan ini menjadi titik perubahan anda. Biarkan ini menjadi pemulihan anda.

Selamat datang ke perjalanan penyembuhan anda.

Mesej kepada Ketua Kumpulan dan Fasilitator

Rakan Pemimpin yang dihormati,
Terima kasih kerana hati anda berjalan bersama orang lain dalam perjalanan mereka dari penolakan kepada pemulihan. Anda sedang melakukan kerja suci.

Kebaktian ini direka bukan sahaja untuk renungan peribadi tetapi juga untuk kumpulan kecil, kementerian penyembuhan, kumpulan doa, dan tetapan kaunseling. Setiap hari menawarkan tema yang hebat, Kitab Suci dan pengalaman kehidupan sebenar yang boleh mencetuskan perbualan dan transformasi yang mendalam dalam konteks kumpulan.

Berikut ialah beberapa cadangan untuk membantu anda memudahkan anda dengan berkesan:

- *Buka setiap sesi dalam doa, menjemput Roh Kudus untuk membawa penyembuhan dan wawasan.*

- *Baca bakti harian dengan kuat, kemudian berikan masa untuk ahli kumpulan merenung secara individu.*

- *Gunakan soalan refleksi untuk membimbing perbualan yang jujur dan penuh hormat.*

- *Galakkan membuat jurnal, tetapi jadikan perkongsian pilihan—sesetengah penyembuhan berlaku dalam senyap.*

- *Akhiri dengan pengisytiharan doa, ucapkan bersama-sama sebagai komuniti yang beriman.*

- *Cipta ruang rahmat, kerahsiaan dan tanpa penghakiman—ini penting untuk penyembuhan yang mendalam.*

- Anda juga mungkin ingin memperuntukkan masa khas pada Hari 30 untuk kesaksian, penyembahan, atau doa pentauliahan untuk peserta yang melangkah ke arah tujuan selepas penyembuhan.

Ingat : penyembuhan adalah perjalanan, bukan destinasi. Kepimpinan, empati dan kepekaan rohani anda adalah kunci untuk membuka kunci kebebasan pada orang lain. Semasa Tuhan menggunakan buku ini, semoga Dia juga menggunakan anda untuk menjadi wadah penghiburan dan pemulihan-Nya.

Dengan kesyukuran dan doa yang mendalam,
Zachariah Godseagle ; Duta Isnin O. Ogbe ; Selesa Ladi Ogbe
God's Eagle Ministries – PERMATA
www.otakada.org

Syor Khas untuk Gereja/Kementerian

- **Tawarkan ibadah ini sebagai sebahagian daripada kempen penyembuhan selama 30 hari.** Promosikannya dalam perkhidmatan, pengajian Bible, atau sesi kaunseling khas.
- **Gunakan dalam kementerian pelepasan dan penyembuhan batin.** Tema sejajar dengan pemulihan rohani yang mendalam.
- **Menggabungkan testimoni** pada akhir kitaran 30 hari untuk galakan dan pertumbuhan.
- **Pertimbangkan program susulan** mengenai penemuan tujuan, nilai diri dan pertumbuhan rohani untuk meneruskan transformasi.

Pelesenan & Penggunaan Kumpulan:
Untuk salinan pukal atau akses kumpulan digital, sila hubungi kami di ambassador@otakada.org untuk diskaun kementerian atau versi tersuai untuk organisasi anda.

Biarkan perjalanan ini lebih daripada kebaktian—biarkan ia menjadi gerakan penyembuhan, kebebasan, dan pemulihan ilahi di seluruh Tubuh Kristus.

Tambahan Panduan Fasilitator: Untuk Gereja, Kementerian dan Kumpulan Penyembuhan

Tujuan:
Kebaktian ini sesuai untuk **digunakan di gereja, kementerian penyembuhan, kumpulan kaunseling, dan persekutuan sokongan** di mana orang ramai mencari kesempurnaan daripada luka emosi, rohani dan hubungan.

Format Kumpulan yang Dicadangkan (Penggunaan Mingguan atau Harian):

1. **Doa & Ibadah Pembukaan (5–10 min)**
   Sambutlah Roh Kudus ke tengah-tengah anda dan ciptakan suasana kedamaian dan keterbukaan.
2. **Bacaan Kebaktian (5–10 min)**
   Baca entri harian dengan kuat atau berikannya lebih awal daripada masa. Putar pembaca setiap minggu untuk melibatkan penyertaan.
3. **Refleksi Kumpulan (20–30 min)**
   Gunakan soalan refleksi untuk menggesa perbincangan yang telus. Ingatkan peserta bahawa ini adalah ruang yang selamat dan sulit.
4. **Jurnal Peribadi (10 min)**
   Berikan masa untuk pemprosesan individu. Jurnal boleh dikongsi secara sukarela.
5. **Doa & Syafaat (10–15 min)**
   Berdoa untuk isu-isu khusus yang dibincangkan. Tamatkan setiap sesi dengan

deklarasi doa penyembuhan yang disertakan.

6. **Komitmen Tindakan**
   Galakkan ahli untuk mengaplikasikan pelajaran hari itu dengan cara yang praktikal—sama ada menghulurkan pengampunan, merenungkan Kitab Suci, atau menulis surat kepada Tuhan dalam jurnal.

Kisah Michael dan Harapan

Michael dibesarkan di sebuah rumah di mana kasih sayang adalah terhad dan kelulusan lebih kurang. Ayahnya, seorang yang tegas dan jauh, jarang bercakap kata-kata ikrar. Ibunya, yang tertekan dengan perjuangan hidup, sering mengabaikan keperluan emosinya. Dari usia muda, Michael menghayati mesej yang menyakitkan: dia tidak mencukupi. Tidak kira betapa kerasnya dia mencuba, dia berasa tidak kelihatan, tidak disayangi, dan ditolak.

Di sekolah, Michael bergelut untuk menyesuaikan diri. Rakan datang dan pergi, tetapi dia sentiasa berasa seperti orang luar yang melihat ke dalam. Guru sering mengabaikannya, malah kesilapan yang paling kecil seolah-olah mengesahkan dia tidak berharga. Lama kelamaan, penolakan itu menjadi sebati—bayangan yang mengikutinya ke mana-mana, membisikkan pembohongan tentang nilainya.

Apabila Michael semakin dewasa, penolakan yang mendalam ini mempengaruhi setiap bidang kehidupannya—perhubungan, kerjaya dan nilai diri. Dia takut akan keintiman, mengharapkan orang lain meninggalkan atau menolaknya. Dia teragak-agak untuk mengejar impiannya, yakin dia tidak layak untuk berjaya. Kesakitan itu tenang tetapi berterusan, rantai yang berat tidak dapat diputuskannya.

Pada suatu hari, pada titik terendahnya, seorang kawan menghulurkan kebaktian bertajuk *Disayangi, Dipilih dan Seluruh: Perjalanan 30 Hari dari Penolakan ke Pemulihan* . Skeptik tetapi terdesak,

Michael mula membaca. Mesej setiap hari bercakap terus ke hatinya, mendedahkan kebenaran yang dia lupa atau tidak pernah ketahui: bahawa kasih Tuhan tidak bersyarat, bahawa dia telah dipilih secara mendalam, dan identitinya tidak ditentukan oleh pendapat orang lain tetapi oleh Pencipta yang memanggilnya dengan namanya.

Perlahan-lahan, Michael mula melihat dirinya melalui mata Tuhan. Rantai penolakan terlepas ketika dia memeluk doa, renungan, dan kuasa kitab suci. Dia mengambil langkah praktikal—mendapatkan kaunseling, membina perhubungan yang sihat, dan mengejar keghairahan yang pernah kelihatan di luar jangkauan.

Hari ini, Michael tidak ditentukan oleh penolakan masa lalunya tetapi oleh pemulihan yang ditemuinya. Dia berjalan dengan yakin, mengetahui dia disayangi, dipilih, dan utuh. Kisahnya adalah bukti bahawa tidak kira betapa dalam penolakan, penyembuhan dan harapan sentiasa dapat dicapai.

Kisah Rahmat dan Pembaharuan

Grace sentiasa tersenyum, tetapi di sebalik itu ada hati yang berat dengan penolakan. Sejak zaman kanak-kanak, dia merasakan pedih kerana ditinggalkan—ibu bapanya bercerai ketika dia masih kecil, dan dia melantun di antara rumah, tidak pernah menjadi milik. Di sekolah dan lingkungan sosial, Grace sering berasa diabaikan, seolah-olah suaranya tidak penting. Mesej yang tidak diucapkan adalah jelas: dia tidak cukup untuk dicintai sepenuhnya atau selama-lamanya.

Apabila dia memasuki usia dewasa, penolakan Grace yang tertanam muncul dalam hubungannya. Dia mendapati dirinya tertarik kepada orang yang tidak bersedia dari segi emosi atau mengenepikan, mengekalkan kitaran menyakitkan perasaan tidak dilihat dan tidak dihargai. Jauh di lubuk hati, Grace mendambakan penerimaan, tetapi bertahun-tahun penolakan menyukarkan untuk mempercayai dia layak.

Walaupun kesakitan, Grace memegang harapan yang tenang—bisikan bahawa dia boleh menjadi lebih daripada masa lalunya. Pada suatu hari, berasa sangat hancur, dia menemui kebaktian *yang Dikasihi, Dipilih dan Keseluruhan: Perjalanan 30 Hari dari Penolakan ke Pemulihan* . Skeptikal tetapi lapar untuk penyembuhan, dia mula membaca. Setiap kebaktian membangkitkan sesuatu dalam dirinya—peringatan lembut bahawa kasih Tuhan tidak berdasarkan prestasinya atau persetujuan orang lain tetapi diberikan secara percuma, tanpa syarat, dan tidak berbelah bahagi.

Melalui renungan harian, doa, dan cerita, Grace mula membongkar pembohongan yang dia percayai selama bertahun-tahun. Dia belajar untuk merangkul identitinya sebagai anak pilihan Tuhan, disayangi dan utuh. Penyembuhan tidak serta-merta—ia adalah perjalanan yang penuh dengan air mata, kejayaan, dan keberanian untuk menghadapi luka lama. Tetapi dengan setiap langkah, Grace menjadi lebih kuat, belajar untuk menetapkan sempadan yang sihat, memaafkan diri sendiri dan orang lain, dan berjalan dengan berani dalam tujuan.

Hari ini, Grace bersinar dengan rasa berharga dan kepunyaan yang diperbaharui. Dia berkongsi kisahnya untuk menggalakkan orang lain yang merasa terperangkap dengan penolakan. Perjalanan Grace menunjukkan bahawa pemulihan adalah mungkin—bahawa setiap wanita yang berasa patah boleh bangkit, disayangi, dipilih, dan utuh.

simptom daripada Penolakan Berakar umbi

Penolakan yang berakar umbi boleh menjejaskan identiti, perhubungan dan pilihan hidup seseorang secara mendalam. Anda selalunya boleh memberitahu ia sedang bekerja dalam kehidupan seseorang melalui corak yang konsisten dalam tingkah laku, emosi dan kepercayaan. Berikut adalah beberapa tanda yang jelas:

1. Keperluan berterusan untuk Kelulusan

- Mereka terlalu mencari pengesahan atau takut ditolak, walaupun daripada orang yang tidak dikenali.
- Pujian memberi mereka kelegaan sementara, tetapi mereka cepat kembali ke dalam ketidakamanan.

2. Takut Keintiman atau Keterdedahan

- Mereka berjuang untuk membuka diri dalam perhubungan atau menolak orang lain untuk mengelakkan diri daripada disakiti.
- Mereka menganggap orang lain akhirnya akan meninggalkan, mengkhianati, atau menolak mereka.

3. Keterlaluan terhadap Kritikan

- Malah pembetulan atau perselisihan yang lembut terasa seperti serangan peribadi.

- Mereka menjadi defensif atau menarik diri secara emosi.

4. Sabotaj Diri

- Mereka berhenti sebelum mencuba, mengelakkan peluang, atau mengharapkan kegagalan sebagai tidak dapat dielakkan.
- "Saya tidak cukup baik" atau "Mereka tidak akan memilih saya" menjadi skrip bawah sedar.

5. Pengasingan dan Penarikan Diri

- Mereka lebih suka menyendiri bukan kerana menikmati kesendirian, tetapi untuk mengelakkan diri daripada ditolak lagi.
- Mereka mungkin berkata, "Saya lebih baik bersendirian" sambil diam-diam mendambakan sambungan.

6. Identiti Didorong Prestasi

- Nilai diri mereka terikat dengan pencapaian, kerja, pelayanan, atau tingkah laku yang baik.
- Mereka merasakan mereka mesti "mendapat" kasih sayang, walaupun dari Tuhan.

7. Ikrar Batin dan Membatasi Kepercayaan

- Mereka telah membuat ikrar dalaman seperti: "Saya tidak akan membiarkan sesiapa menyakiti saya lagi."

- Ikrar ini secara senyap membimbing keputusan mereka dan menghalang kebebasan atau penyembuhan.

8. Pemutusan Rohani

- Mereka mungkin sukar untuk mempercayai Tuhan benar-benar mengasihi atau menerima mereka.
- Mereka melihat Tuhan sebagai hakim lebih daripada Bapa yang pengasih, sering merasa tidak layak di hadapan-Nya.

Penyembuhan daripada Penolakan yang Berakar umbi: Panduan Langkah demi Langkah

Langkah 1: Kenali Akar

Tanya:

- Di manakah penolakan bermula? zaman kanak-kanak? Pengkhianatan? Pengabaian? Pengabaian ibu bapa?
- Siapa atau apa yang mula-mula membuatkan anda berasa tidak disayangi, tidak layak, atau tidak diingini?

Jurnal Refleksi:

- “Saya mula-mula berasa tidak diingini apabila…”
- “Saya percaya saya tidak cukup baik kerana…”

Doa:
"Tuhan, nyatakan kepada saya akar penolakan dalam hidup saya. Sinarkan cahaya-Mu pada luka yang tersembunyi. Sembuhkan apa yang tidak dapat saya lihat."

Langkah 2: Menolak Pembohongan

Penolakan selalunya tumbuhan terletak seperti:

- “Saya tidak disayangi.”
- “Semua orang pergi.”
- "Saya perlu membuktikan diri saya."

Tindakan:
Tuliskan pembohongan yang anda percayai. Kemudian nyatakan kebenaran:

- “Aku berkenan di dalam Dia yang dikasihi” (Efesus 1:6).
- “Aku dibuat dengan dahsyat dan ajaib” (Mazmur 139:14).
- “Tuhan tidak akan sekali-kali meninggalkan aku dan tidak akan meninggalkan aku” (Ibrani 13:5).

Doa:
"Saya melanggar perjanjian dengan kebohongan penolakan. Saya memeluk kebenaran tentang siapa saya di dalam Engkau, Tuhan."

Langkah 3: Maafkan Mereka yang Menolak Anda

Tidak memaafkan membuat luka terbuka.

Tindakan:

- Namakan orang tersebut.
- Akui kesakitan.
- Pilih untuk memaafkan, walaupun anda belum merasakannya.

Doa:
"Bapa, saya memaafkan [nama] kerana membuat saya merasa tidak diingini dan tidak disayangi. Saya melepaskan mereka kepada-Mu dan membebaskan diri saya dari beban ketidakmaafan."

Langkah 4: Terima Penyembuhan dan Penerimaan Tuhan

Biarkan Tuhan menjadi bapa anda semula. Biarkan Dia mengasihi anda di mana orang lain gagal.

Tindakan:

- Luangkan masa untuk merenungkan Kitab Suci kasih Tuhan.
- Rendam dalam ibadah yang mengingatkan anda tentang identiti anda.

Kitab Suci Utama:

- Yesaya 43:1 - "Aku telah memanggil kamu dengan namamu, kamu adalah milik-Ku."
- Roma 8:15 – "Kamu tidak menerima roh perhambaan lagi untuk menjadi takut..."

Doa:
"Bapa, saya menerima kasih sayang dan penerimaan-Mu. Bina semula jati diri saya sebagai anak yang dikasihi."

Langkah 5: Cakap Kehidupan dan Perbaharui Fikiran Anda

Penolakan mengganggu cara anda melihat diri anda sendiri. Anda memerlukan pengisytiharan baharu.

Pengisytiharan Harian:

- "Saya dipilih oleh Tuhan."
- "Saya tidak salah."
- "Saya dicintai tanpa syarat."

Tindakan:
Buat "Tembok Kebenaran" atau "Jurnal Identiti" tempat anda menulis perkara yang Tuhan katakan tentang anda.

Langkah 6: Sambung semula dalam Hubungan Sihat

Penolakan mengasingkan, tetapi penyembuhan menyambung semula.

Tindakan:

- Ambil langkah kecil untuk membuka diri dalam hubungan yang selamat.
- Sertai komuniti yang sihat, kumpulan doa atau kalangan sokongan penyembuhan.
- Benarkan orang yang dipercayai berjalan bersama anda.

Doa:
"Tuhan, bawalah orang-orang yang benar ke dalam hidupku—mereka yang akan mengasihi aku dengan hati-Mu dan menolongku bertumbuh dalam keutuhan."

Langkah 7: Penyembuhan Menteri kepada Orang Lain

Tuhan mengubah lukamu menjadi senjata penyembuhan.

Tindakan:

- Kongsi kesaksian anda.
- Berdoa untuk orang lain yang bergelut dengan penolakan.
- Berjalan dalam belas kasihan dan pemahaman.

Kitab Suci:
2 Korintus 1:4 – "Dia yang menghibur kami dalam segala kesusahan kami, sehingga kami dapat menghibur mereka yang dalam kesusahan..."

Perjalanan 30 Hari dari Penolakan ke Pemulihan Bermula ....

HARI 1: Luka Senyap

Kitab Suci (NLT):

"Walaupun ayah dan ibuku meninggalkan aku, Tuhan akan memelukku erat." – Mazmur 27:10

Kisah Michael:

Michael berdiri sendirian di pengebumian bapanya, mata kering tetapi jantung berdarah. Ditolak semasa kecil kerana "terlalu sensitif", dia tidak pernah cukup baik. Kini, sudah terlambat untuk mendengar kata-kata yang dia rindukan: *"Saya bangga dengan awak."* Kesunyian itu menghantuinya.

Kisah Grace:

Grace sentiasa menjadi yang tidak kelihatan. Diabaikan oleh ibu bapanya, digunakan oleh kekasih, dibuang kerja. Penolakan bukan seketika—ia adalah satu corak. Ia membentuk suaranya, perjalanannya, nilainya. Senyumannya adalah perisainya, tetapi dalam hati dia mempersoalkan sama ada dia penting.

Wawasan Kebaktian:

Penolakan tidak selalu kuat. Selalunya, ia merayap dengan senyap-melalui kesunyian, pengabaian, kritikan, pengabaian. Tetapi tidak kira sumbernya, tangan Tuhan terbuka. Dia bukan sahaja bertolak ansur dengan anda—Dia *memilih* anda. Dia tidak membandingkan anda-Dia *menghargai* anda.

Daud, yang menulis Mazmur 27, tahu penolakan. Diabaikan oleh keluarganya, diburu oleh musuh-musuhnya, dikhianati oleh putranya sendiri—namun dia menyatakan dengan yakin: *"Tuhan akan memelukku erat-erat."*

Hari ini, biarkan itu menjadi realiti anda. Tuhan tidak menentukan kamu berdasarkan siapa yang menolak kamu—tetapi oleh Dia yang menebus kamu.

Soalan Refleksi:

1. Siapa dalam hidup anda yang membuat anda berasa tidak layak atau tidak kelihatan?
2. Apakah pembohongan yang anda percaya tentang diri anda kerana penolakan itu?

Pengisytiharan Doa:

Bapa, walaupun orang menolak saya, Engkau menerima saya. Apabila orang lain meninggalkan, Engkau pegang saya erat. Saya menyerahkan kesakitan penolakan masa lalu dan menerima pelukan penyembuhan-Mu. Sembuhkan saya semula, dalam nama Yesus. Amin.

Gesaan Jurnal:

Tulis surat kepada orang (atau orang) yang menolak anda—bukan untuk menghantar, tetapi untuk melepaskan. Curahkan rasa sakit anda, kemudian minta Tuhan untuk mengisi ruang itu dengan kebenaran-Nya.

Nota:

HARI 2: Akar Pembohongan

Kitab Suci (Diperkuat):

"Pencuri datang hanya untuk mencuri dan membunuh dan membinasakan. Aku datang supaya mereka mempunyai hidup, dan mempunyainya dalam kelimpahan [sepenuh-penuhnya, sehingga melimpah-limpah]." – Yohanes 10:10 AMP

Kisah Michael:

Michael tidak dapat menggelengkan suara di kepalanya: *"Anda tidak cukup."* Ia bergema di bilik mesyuarat, dalam perkahwinannya, malah di gereja. Setiap kali seseorang tidak mengakui usahanya, luka itu terbuka semula. Dia bekerja lebih keras untuk membuktikan nilainya, tetapi tepukan tidak pernah bertahan.

Kisah Grace:

Grace pernah bermimpi untuk menjadi penyanyi. Tetapi pada malam ibunya ketawa dan berkata, *"Jangan memalukan diri sendiri,"* mimpi itu mati. Sejak itu, setiap peluang terasa seperti perangkap, setiap pujian adalah pembohongan. Dia menutup hadiahnya dengan rendah hati, takut dilihat.

Wawasan Kebaktian:

Tumbuhan penolakan terletak jauh di dalam diri kita: *"Anda tidak layak," "Anda tidak akan dapat mengukurnya," "Anda tidak disayangi."* Tetapi ini bukan pemikiran anda-ia adalah benih yang disemai oleh musuh untuk mencuri identiti anda, membunuh keyakinan anda, dan memusnahkan nasib anda.

Yesus bukan sahaja datang untuk menyelamatkan jiwa anda—Dia datang untuk **memulihkan seluruh hidup anda** , termasuk **nilai** , **suara** dan **identiti anda** .

Hari ini, kenal pasti pembohongan itu. Cabut ia. Gantikan dengan kebenaran. Kebenaran Tuhan tidak reaktif—ia adalah penebusan.

Soalan Refleksi:

1. Apakah pemikiran berulang yang telah mengehadkan pertumbuhan anda atau mencuri kegembiraan anda?
2. Bolehkah anda mengenal pasti di mana dan bila pembohongan itu bermula?

Pengisytiharan Doa:

Yesus, Engkau datang untuk memberi saya

kehidupan yang berkelimpahan. Saya menolak setiap pembohongan yang mengatakan saya tidak berharga atau tidak diingini. Saya mencabut kebohongan ini dan menerima kebenaran-Mu: saya dicintai, berharga, dan dicipta untuk tujuan. Sembuhkan saya dari dalam. Amin.

Gesaan Jurnal:

Senaraikan 3 pembohongan yang anda percaya tentang diri anda. Kemudian, di sebelah setiap satu, tulis kebenaran daripada Firman Tuhan yang menyangkalnya.

Nota:

HARI 3: Apabila Cinta Pergi

Kitab Suci (NLT):

"Tuhan dekat kepada orang yang patah hati, Dia menyelamatkan orang yang remuk jiwanya." – Mazmur 34:18

Kisah Michael:

Dia adalah orang yang dia fikir akan tinggal. Apabila isterinya keluar, dia mengambil lebih daripada pakaiannya—dia mengambil bahagian terakhir keyakinannya. *"Anda terlalu rosak,"* katanya. Pemergiannya terasa seperti pengesahan segala yang ditakutinya adalah benar.

Kisah Grace:

Grace telah dihantui oleh tunangnya hanya beberapa minggu sebelum perkahwinan mereka. Tiada penjelasan. Senyap sahaja. Dia menyalahkan dirinya sendiri—penampilannya, keperibadiannya, masa lalunya. Dia berasa dibuang seperti kesilapan yang tiada siapa yang mahu menuntut.

Wawasan Kebaktian:

Beberapa luka lebih dalam daripada ditinggalkan oleh seseorang yang berjanji untuk tinggal. Tetapi inilah kebenarannya: **Tuhan tidak pernah pergi.** Dia tidak jemu dengan air mata awak. Dia tidak menarik diri apabila anda tidak berada pada tahap terbaik anda.

Hati anda mungkin patah, tetapi ia tidak boleh diperbaiki. Apabila orang pergi, Tuhan bersandar. Dia mendekat kepada rohmu yang hancur—bukan untuk mengasihani kamu, tetapi untuk **menyelamatkan dan memulihkan** kamu.

Soalan Refleksi:

1. Siapa yang menjauhkan diri daripada anda, dan bagaimana ia membentuk nilai diri anda?
2. Dalam cara apakah anda masih membawa pengabaian itu hari ini?

Pengisytiharan Doa:

Tuhan, saya memberikan kepada-Mu kesakitan orang yang pergi. Saya mungkin berasa ditinggalkan, tetapi saya tidak pernah keseorangan. Dekatlah dengan saya dalam kehancuran saya. Selamatkan aku dengan kasih-Mu dan bina semula apa yang hilang. Amin.

Gesaan Jurnal:

Tulis surat doa kepada Tuhan tentang hubungan yang sangat melukai anda. Jujurlah—kemudian biarkan Dia bercakap kembali ke hati anda.

Nota:

HARI 4: Memalukan Anda

Kitab Suci (AMP):

"Sebagai ganti keaibanmu [dahulu] kamu akan mendapat bahagian dua kali ganda..." – Yesaya 61:7a

Kisah Michael:

Michael tidak suka pergi ke majlis keluarga. Orang lain "berbuat baik." Dia masih cuba membetulkan masa lalunya—kehilangan pekerjaan, perkahwinan yang gagal, hutang. Renungan, kesunyian, kasihan-semuanya menjerit *malu.*

Kisah Grace:

Rasa malu tinggal di bahu Grace seperti bayang-bayang. Penderaan seksual, pertunangan yang rosak, pilihan yang buruk-dia percaya dia memakainya seperti surat merah. Walaupun dia tersenyum, jiwanya berbisik, *"Mereka tahu."*

Wawasan Kebaktian:

Malu bukan dari Allah. Rasa bersalah berkata, "Saya melakukan sesuatu yang salah." Malu berkata, "Saya *salah* ." Yesus memikul kedua-duanya di kayu salib—kesalahan dan keaiban kamu.

Janji Tuhan dalam Yesaya 61:7 bukanlah penghiburan yang samar-samar. Ia adalah **pengisytiharan pampasan ilahi** . Untuk keaibanmu, Dia memberi penghormatan. Untuk penolakan, Dia memberikan milik. Untuk kesakitan, Dia memberi tujuan.

Anda tidak perlu memakai malu pada hari lain.

Soalan Refleksi:

1. Apakah ingatan atau kesilapan yang masih membuatkan anda berasa malu?
2. Bagaimana rasanya hidup seperti anda benar-benar diampuni?

Pengisytiharan Doa:

Tuhan, saya meletakkan malu. Saya bukanlah apa yang telah dilakukan kepada saya atau apa yang telah saya lakukan—saya adalah seperti yang Engkau katakan. Pakailah aku dengan maruah. Pulihkan identiti saya. Saya menerima bahagian penyembuhan dan penghormatan-Mu yang berganda. Amin.

Gesaan Jurnal:

Terangkan satu perkara yang anda sembunyikan kerana malu. Kemudian tulis bagaimana perasaan kebebasan jika berat itu hilang.

Nota:

HARI 5: Suara Dalam

Kitab Suci (NLT):

"Sebab kita adalah karya agung Allah. Dia telah menciptakan kita baru dalam Kristus Yesus, supaya kita dapat melakukan perkara-perkara baik yang telah direncanakan-Nya untuk kita dahulu." – Efesus 2:10

Kisah Michael:

Michael sering mendengar suara kritikal ayahnya di kepalanya: *"Kamu tidak akan menjadi apa-apa."* Walaupun sebagai seorang lelaki dewasa, suara itu mendorong pilihannya—dan menenggelamkan potensinya.

Kisah Grace:

Suara batin Grace bergema setiap perkataan kejam yang diucapkan ke atasnya. Walaupun orang memujinya, fikirannya akan berbisik, *"Mereka tidak benar-benar bersungguh-sungguh."* Dia mensabotaj berkat, takut ia akan dicabut.

Wawasan Kebaktian:

Kita semua membawa naratif dalaman—skrip yang ditulis dengan penolakan, trauma, ketakutan. Tetapi hari ini, Tuhan menulis semula kisah anda. Anda tidak salah. Anda tidak biasa. Anda bukan tidak diingini.

Anda adalah **karya agungNya** . Anda dicipta dengan niat, dibasuh dalam rahmat, dan ditakdirkan untuk kebesaran.

Sudah tiba masanya untuk menutup mulut pengkritik dan menguatkan suara Pencipta.

Soalan Refleksi:

1. Suara siapa yang anda masih dengar memainkan semula penolakan atau kritikan?
2. Apakah kebenaran daripada Firman Tuhan yang anda perlukan untuk bercakap dengan lebih kuat?

Pengisytiharan Doa:

Bapa, senyapkan setiap suara yang menentang nilai saya. Saya memilih untuk mempercayai apa yang Engkau katakan tentang saya. Saya adalah karya agung-Mu. Saya cukup. Saya dicipta dengan sengaja, untuk tujuan. Amin.

Gesaan Jurnal:

Tulis senarai "Saya" berdasarkan Firman Tuhan (cth,

saya dipilih, saya dikasihi, saya utuh…). Siarkannya di tempat yang kelihatan.

Nota:

HARI 6: Pelukan Bapa

Kitab Suci (NLT):

" Maka pulanglah ia kepada ayahnya. Dan ketika ia masih jauh, ayahnya melihatnya datang. Dengan penuh kasih dan belas kasihan, ia berlari kepada anaknya, memeluknya dan menciumnya." – Lukas 15:20

Kisah Michael:

Michael telah jauh daripada Tuhan—didorong oleh kepahitan dan kesalahan. Tetapi pada suatu malam, patah dan letih, dia membisikkan doa, *"Jika Anda masih di sana..."* Apa yang diikuti bukanlah kutukan tetapi rasa damai yang tidak dapat dinafikan.

Kisah Grace:

Grace membayangkan Tuhan seperti bapa duniawinya—jauh dan kecewa. Tetapi dalam upacara penyembahan, lagu itu berkata, *"Dia Bapa yang baik dan baik."* Air mata jatuh ketika realiti baru berlaku: *Tuhan mahu saya... walaupun sekarang.*

Wawasan Kebaktian:

Kisah anak yang hilang bukan hanya tentang pertaubatan—ia tentang **seorang Bapa yang**

menjalankan . Tuhan tidak hanya menunggu; Dia memerhati. Dia tidak berminat dengan kuliah tetapi **memeluk** .

Anda mungkin merasa tidak layak, terlalu jauh, terlalu rosak—tetapi Bapa anda melihat anda. Dia mahu awak pulang. Biarkan lengan-Nya menjadi tempat penyembuhan anda bermula.

Soalan Refleksi:

1. Adakah anda melihat Tuhan sebagai Bapa yang pengasih atau sosok yang jauh?
2. Apakah ketakutan yang anda miliki tentang dipeluk sepenuhnya oleh-Nya?

Pengisytiharan Doa:

Abba Bapa, aku datang kepada-Mu sama seperti aku. Lari kepada saya, pegang saya, sembuhkan saya. Aku meletakkan ketakutan dan menerima pelukan-Mu. Anda tidak seperti mereka yang pergi—Anda setia, baik hati, dan penyayang. Amin.

Gesaan Jurnal:

Tulis sepucuk surat seolah-olah Tuhan sedang berbicara kepada anda sebagai anak kesayangan-Nya. Mulakan dengan, *"Anak lelaki/puteri saya yang berharga..."*

Nota:

HARI 7: Berbaloi untuk Ditunggu

Kitab Suci (AMP):

" Sebab itu Tuhan menanti-nanti [dengan penuh harapan] dan rindu untuk mengasihani kamu, sebab itu Ia menanti-nanti di tempat yang tinggi untuk menaruh belas kasihan kepada kamu." — Yesaya 30:18

Kisah Michael:

Michael fikir Tuhan telah melupakannya. Doa yang tidak dimakbulkan selama bertahun-tahun membuatkan dia kebas. Tetapi Tuhan tidak mengabaikannya—Dia sedang menyediakannya. Apa yang kelihatan seperti kelewatan adalah masa ilahi.

Kisah Grace:

Grace tertanya-tanya mengapa doanya memohon cinta dan penerimaan seolah-olah tidak dimakbulkan. Perlahan-lahan, Tuhan mendedahkan: *"Saya bukan hanya memberikan apa yang anda mahukan. Saya menyediakan anda untuk apa yang anda perlukan."*

Wawasan Kebaktian:

Diam Tuhan bukan ketiadaan. Kadang-kadang Dia menunggu—bukan untuk menghukum, tetapi untuk **meletakkan** . Kelewatannya bukanlah penafian—ia adalah tanda cinta yang mendalam dan disengajakan.

Anda tidak dilupakan. Anda **berbaloi untuk menunggu** . Dan apa yang Tuhan sediakan untukmu akan jauh lebih besar daripada penolakan yang cuba dicuri.

Soalan Refleksi:

1. Apakah kelewatan yang menyebabkan anda mempersoalkan nilai anda?
2. Bolehkah anda mempercayai masa Tuhan walaupun ia terasa lambat?

Pengisytiharan Doa:

Tuhan, saya memilih untuk mempercayai-Mu dalam penantian. Bantu saya untuk tidak mengelirukan senyap dengan ketiadaan. Sediakan saya, perhalusi saya, dan apabila masa yang tepat-pulihkan saya. Amin.

Gesaan Jurnal:

Tulis tentang sesuatu yang anda tunggu-tunggu. Kemudian tulis apa yang dimaksudkan dengan mempercayai Tuhan dengan hasilnya.

Nota:

HARI 8: Kebenaran Tentang Anda

Kitab Suci (NLT):

"Kamu tidak memilih Aku. Aku yang memilih kamu. Aku telah menetapkan kamu untuk pergi dan menghasilkan buah yang kekal..." - Yohanes 15:16

Kisah Michael:

Michael sentiasa berasa seperti pelan sandaran dalam hidup-bukan pilihan pertama. Tetapi apabila dia membaca bahawa Yesus telah memilih dia secara peribadi, sesuatu dalam dirinya berubah. *"Tuhan mahu saya,"* bisiknya.

Kisah Grace:

Grace melihat dirinya sebagai "orang yang mereka tepati." Tetapi di dalam biliknya yang sunyi, Tuhan berbisik, *"Aku telah memilih kamu sebelum mereka boleh menolak kamu."*

Wawasan Kebaktian:

Sebelum dunia berkata *"kamu tidak cukup,"* Tuhan

berkata *"kamu Milik-Ku."* Anda dipilih-bukan sebagai pemikiran kedua, bukan kerana kasihan-tetapi dengan niat dan cinta.

Biarkan kebenaran itu menambat anda hari ini: Anda **dipilih sendiri** oleh Syurga.

Soalan Refleksi:

1. Bilakah anda berasa seperti terfikirkan selepas itu dalam kehidupan seseorang?
2. Bagaimanakah mengetahui Tuhan memilih anda mengubah cara anda melihat diri anda?

Pengisytiharan Doa:

Yesus, terima kasih kerana memilih saya. Saya tidak dilupakan, ditolak, atau rawak. Saya Milik-Mu. Bantu saya untuk berjalan dalam keyakinan kebenaran itu hari ini. Amin.

Gesaan Jurnal:

Tulis 5 bidang kehidupan anda di mana anda kini memilih untuk percaya: *"Saya dipilih."*

Nota:

HARI 9: Memecah Kitaran

Kitab Suci (AMP):

"Lihat, Aku melakukan sesuatu yang baru! Sekarang ia telah muncul, tidakkah kamu menyedarinya?" — Yesaya 43:19

Kisah Michael:

Michael sedar dia mengulangi apa yang dia membesar dengan—jarak emosi, ketidakpercayaan, penderitaan senyap. Tetapi suatu hari, dia berkata, *"Ini berakhir dengan saya."*

Kisah Grace:

Grace telah menolak setiap hubungan yang sihat kerana kesakitan lebih biasa daripada cinta. Sehingga dia akhirnya berkata, *"Tidak lagi. Saya layak mendapat cinta sejati."*

Wawasan Kebaktian:

Penolakan sering berulang—melainkan kita menghentikannya. Tuhan memberi anda kuasa untuk **memutuskan kitaran** . Apa yang menyakitkan anda tidak akan mempunyai kata putus. Apa yang merosakkan anda tidak akan menentukan anda.

Anda bukan sejarah anda. Anda adalah permulaan baru Tuhan.

Soalan Refleksi:

1. Apakah corak dalam hidup anda yang berakar pada penolakan?
2. Adakah anda bersedia untuk memilih penyembuhan, walaupun ia terasa asing?

Pengisytiharan Doa:

Tuhan, saya bersyukur kepada-Mu kerana saya tidak terikat dengan masa lalu. Putuskan setiap pusingan penolakan, ketakutan, dan ketidakpercayaan terhadap saya. Saya mengisytiharkan: ini berakhir dengan saya, dan penyembuhan bermula hari ini. Amin.

Gesaan Jurnal:

Terangkan corak generasi atau tingkah laku peribadi yang anda sedia patahkan. Apakah "perkara baharu" yang anda percaya Tuhan mahu bermula?

Nota:

HARI 10: Kuasa Memaafkan

Kitab Suci (NLT):

"Maafkan kesalahan masing-masing, dan ampunilah sesiapa yang menyinggung perasaan kamu. Ingatlah, Tuhan telah mengampuni kamu, maka hendaklah kamu mengampuni orang lain." – Kolose 3:13

Kisah Michael:

Michael tidak mahu memaafkan ayahnya. Tetapi menyimpan kemarahan hanya membuatnya terikat. Pengampunan bukan melupakan—ia membebaskan dirinya dari penjara kesakitan.

Kisah Grace:

Grace akhirnya memaafkan rakan yang mengkhianatinya—bukan kerana dia berhak mendapatnya, tetapi kerana Grace memerlukan kedamaian. Pengampunan menjadi jalannya menuju kebebasan.

Wawasan Kebaktian:

Memaafkan bukanlah perasaan—ia adalah **pilihan** . Bukan penafian kesakitan tetapi pengisytiharan bahawa kesakitan tidak akan memerintah hidup anda lagi.

Anda tidak memaafkan apa yang berlaku. Anda **melepaskan** diri anda untuk bergerak ke hadapan.

Soalan Refleksi:

1. Siapa yang perlu anda maafkan supaya anda boleh sembuh?
2. Apa yang menghalang anda daripada melepaskan sepenuhnya?

Pengisytiharan Doa:

Tuhan, saya memilih untuk memaafkan—bukan kerana mereka layak menerimanya, tetapi kerana saya inginkan penyembuhan. Bebaskan saya dari kepahitan, dan ajar saya untuk mencintai lagi. Dalam nama Yesus, amin.

Gesaan Jurnal:

Tulis surat pengampunan. Jujurlah. Kemudian berdoa untuknya dan lepaskan orang itu ke tangan Tuhan.

Nota:

HARI 11: Menulis Semula Naratif

Kitab Suci (NLT):

"Ini bermakna sesiapa yang menjadi milik Kristus telah menjadi orang baru. Kehidupan lama telah hilang, kehidupan baru telah bermula!" – 2 Korintus 5:17

Kisah Michael:

Michael sentiasa melihat dirinya rosak, cacat, dan tidak layak. Tetapi semasa dia mempelajari Firman Tuhan, dia mula menulis kisah baru tentang dirinya—yang berdasarkan kebenaran, bukan trauma.

Kisah Grace:

Grace membesar dengan diberitahu dia "terlalu emosi," "terlalu banyak." Selama bertahun-tahun dia cuba mengecilkan dirinya. Tetapi Tuhan berbisik, *"Engkau benar di hadapan-Ku."*

Wawasan Kebaktian:

Penolakan menulis label palsu: *tidak disukai, tidak mencukupi, rosak.* Tetapi apabila anda menerima

Kristus, anda diberi **identiti baru** . Firman Tuhan menjadi skrip baharu anda.

Anda bukan seperti yang orang lain lakukan kepada anda. Anda bukan seperti yang mereka katakan tentang anda. Anda adalah **karya agung Tuhan yang sedang berjalan.**

Soalan Refleksi:

1. Apakah nama atau label palsu yang anda percaya tentang diri anda?
2. Apakah yang Tuhan katakan tentang siapa anda sebenarnya?

Pengisytiharan Doa:

Tuhan, saya menyerahkan pembohongan saya telah hidup di bawah. Saya menerima nama baru saya, identiti baru saya, kehidupan baru saya di dalamMu. Tolonglah aku hidup sebagai orang yang Engkau ciptakan untukku. Amin.

Gesaan Jurnal:

Tulis tiga kepercayaan palsu yang anda pegang

tentang diri anda. Kemudian tulis ayat suci atau kebenaran untuk menentang setiap satu.

Nota:

HARI 12: Anda Tidak Sendiri

Kitab Suci (AMP):

"Sebab Dia [Tuhan] sendiri telah berfirman, Aku sekali-kali tidak akan mengecewakanmu, tidak akan menyerahkan engkau, dan tidak akan membiarkan engkau tanpa sokongan…'" – Ibrani 13:5b

Kisah Michael:

Michael fikir dia perlu bertarung setiap pertempuran seorang diri. Tetapi perlahan-lahan dia mula merasakan kehadiran Tuhan di saat-saat tenang—tidak pernah pergi, tidak pernah meninggalkan.

Kisah Grace:

Grace pernah menangis sendirian dalam kegelapan, menyangka tiada siapa yang nampak. Suatu malam dia membaca ayat ini dan menyedari: *"Tuhan sentiasa ada. Saya tidak pernah perasan."*

Wawasan Kebaktian:

Kesepian adalah salah satu pembohongan yang paling kuat dalam penolakan. Tetapi kebenarannya ialah **Tuhan bersamamu** —dalam keheningan, dalam kesakitan, dalam keadaan yang tidak diketahui.

Dia adalah Imanuel, *Tuhan bersama kita* , bukan sahaja pada masa yang baik, tetapi di setiap tempat yang rosak.

Soalan Refleksi:

1. Pernahkah anda percaya anda benar-benar keseorangan?
2. Dalam cara apakah anda boleh menjadi lebih menyedari kehadiran Tuhan bersama anda?

Pengisytiharan Doa:

Tuhan, terima kasih kerana tidak pernah meninggalkan saya. Walaupun saya rasa keseorangan, Awak ada di sana. Buka mata saya untuk melihat-Mu di setiap musim. Amin.

Gesaan Jurnal:

Renungkan saat anda menyangka anda bersendirian, tetapi apabila difikirkan kembali, sedarlah Tuhan hadir. Terangkan ingatan itu dan apa yang diajarkannya kepada anda.

Nota:

HARI 13: Disayangi Tanpa Syarat

Kitab Suci (NLT):

"Tetapi Allah menunjukkan kasih-Nya yang besar kepada kita dengan mengutus Kristus untuk mati bagi kita semasa kita masih berdosa." – Roma 5:8

Kisah Michael:

Michael sentiasa merasakan dia perlu mendapatkan cinta—melalui prestasi, kesempurnaan, dan berpura-pura. Apabila dia gagal, dia mengharapkan penolakan. Namun kasih sayang Allah tidak pernah padam.

Kisah Grace:

Grace cuba memperbaiki dirinya sebelum datang kepada Tuhan. Kemudian suatu hari dia menyedari, *"Dia sudah menyayangi saya ... sebelum saya menyatukannya."*

Wawasan Kebaktian:

Kasih Tuhan tidak berdasarkan kesempurnaan

anda—ia berlabuh dalam **rahmat -Nya** . Anda disayangi pada hari terburuk anda sama seperti pada hari terbaik anda.

Tiada apa yang boleh anda lakukan untuk menjadikan Tuhan lebih mengasihi anda—dan tiada apa yang anda lakukan yang membuatkan Dia kurang mengasihi anda.

Soalan Refleksi:

1. Dalam cara apakah anda telah mencuba untuk "mendapatkan" kasih—daripada manusia atau daripada Tuhan?
2. Bolehkah anda menerima cinta walaupun anda berasa tidak layak?

Pengisytiharan Doa:

Bapa, saya berterima kasih kepada-Mu kerana mengasihi saya tanpa syarat. Tolong saya berhenti berusaha dan mula berehat dalam kasih-Mu yang sempurna. Saya menerimanya hari ini dengan hati yang terbuka. Amin.

Gesaan Jurnal:

Tulis sepucuk surat daripada Tuhan kepada anda yang bermula, *"Saya sayang kamu kerana..."* Biarkan ia mengalir dengan kejujuran dan rahmat.

Nota:

HARI 14: Berakar, Tidak Ditolak

Kitab Suci (NLT):

“Hendaklah akarmu tumbuh ke dalam Dia, dan biarlah hidupmu dibangun di atas Dia.” – Kolose 2:7a

Kisah Michael:

Michael sering mengasaskan identitinya pada pendapat orang—baik atau buruk. Tetapi apabila dia berakar pada Kristus, dia mendapati kestabilan yang tidak pernah dia tahu dia perlukan.

Kisah Grace:

Grace pernah mengubah siapa dia bergantung pada siapa dia di sekelilingnya. Tetapi dia mula berkembang apabila dia bertanya kepada dirinya sendiri, *"Siapa saya sedangkan hanya saya dan Tuhan?"*

Wawasan Kebaktian:

Apabila identiti anda berakar pada penolakan, kehidupan berasa tidak stabil. Tetapi apabila anda menambat nilai anda dalam Kristus, badai datang—tetapi ia tidak menggoncangkan anda.

Biarkan akar anda tumbuh jauh ke dalam kasih dan kebenaran Tuhan. Di situlah anda akan mendapat **keselamatan** dan **kekuatan** .

Soalan Refleksi:

1. Di manakah anda telah menanam identiti anda—Firman Tuhan atau perkenan orang?
2. Apakah amalan yang boleh membantu anda kekal berakar dalam Kristus?

Pengisytiharan Doa:

Tuhan, tanamkan aku sedalam-dalamnya di dalam Engkau. Saya menolak tanah cetek yang disenangi orang dan perbandingan. Biarkan akar saya tumbuh kuat dalam kebenaran-Mu. Amin.

Gesaan Jurnal:

Buat senarai "kebenaran akar"—tulisan asas atau penegasan yang mengingatkan anda siapa anda dalam Kristus.

Nota:

HARI 15: Dari Parut kepada Cerita

Kitab Suci (NLT):

"Kamu berniat untuk mencederakan saya, tetapi Tuhan bermaksud semuanya untuk kebaikan. Dia membawa saya ke kedudukan ini supaya saya dapat menyelamatkan nyawa ramai orang." – Kejadian 50:20

Kisah Michael:

Luka terbesar Michael menjadi mesej terbesarnya. Dia kini membantu orang lain sembuh daripada luka bapa, mengingatkan mereka, *"Jika Tuhan boleh menyembuhkan saya, Dia boleh menyembuhkan kamu."*

Kisah Grace:

Grace memulakan blog tentang penyembuhan daripada pengkhianatan. Apa yang pernah membuatkan dia terdiam kini memberinya suara. Parutnya menjadi tanda orang lain untuk berharap.

Wawasan Kebaktian:

Parut anda tidak memalukan—ia adalah **bukti kelangsungan hidup** . Tuhan tidak mensia-siakan kesakitan. Dia mengubahnya. Penyembuhan anda menjadi suar untuk orang lain.

Anda bukan sahaja dipulihkan untuk anda—tetapi untuk semua orang kisah anda akan tersentuh.

Soalan Refleksi:

1. Apakah pengalaman menyakitkan yang mungkin Tuhan ingin gunakan untuk membantu orang lain?
2. Adakah anda sanggup membiarkan Dia mengubah parut anda menjadi cerita penebusan?

Pengisytiharan Doa:

Tuhan, terima kasih kerana menggunakan kesakitan saya. Kupersembahkan lukaku kepada-Mu—tebuslah untuk kemuliaan-Mu. Jadikan kesembuhan saya sebagai cahaya untuk orang lain. Amin.

Gesaan Jurnal:

Tulis kesaksian anda dalam satu halaman—bagaimana kehidupan dahulu, apa yang berlaku, dan bagaimana Tuhan menyembuhkan anda sekarang.

Nota:

HARI 16: Penyembuhan Melalui Pengampunan

Kitab Suci (AMP):

"Hendaklah kamu baik hati dan suka menolong seorang terhadap yang lain, lembut hati [penyayang, pengertian], saling mengampuni [dengan rela dan bebas], sebagaimana Allah dalam Kristus juga telah mengampuni kamu." — Efesus 4:32

Kisah Michael:

Michael menyimpan kemarahan terhadap ibunya selama bertahun-tahun. Tetapi dia sedar bahawa sikap tidak memaafkan meracuni masa depannya. Melepaskan dia tidak mengubah masa lalu-tetapi ia menyembuhkan hatinya.

Kisah Grace:

Grace memaafkan seseorang yang tidak pernah meminta maaf. Dia belajar bahawa pengampunan bukan untuk kebebasan mereka-ia untuk dia.

Wawasan Kebaktian:

Tidak memaafkan adalah berat yang mengekalkan penolakan berakar umbi. Tetapi apabila anda memaafkan, anda memutuskan rantai yang mengikat anda dengan masa lalu.

Pengampunan bukan mengatakan *"Tidak apa-apa"* . Ia mengatakan *"Saya melepaskan awak supaya saya boleh bebas."*

Soalan Refleksi:

1. Adakah seseorang yang anda telah berusaha untuk memaafkan? kenapa?
2. Bagaimana perasaan hati anda tanpa beban itu?

Pengisytiharan Doa:

Tuhan, saya memilih untuk memaafkan. Saya melepaskan kesakitan, kemarahan, keperluan untuk membalas dendam. Saya percaya Engkau akan membawa keadilan dan penyembuhan. Bebaskan saya, dalam nama Yesus. Amin.

Gesaan Jurnal:

Tulis surat pengampunan (anda tidak perlu menghantarnya). Curahkan isi hati anda dan lepaskan apa yang telah mengikat anda.

Nota:

HARI 17: Memeluk Kasih Bapa

Kitab Suci (NLT):

"Lihatlah betapa besar kasih Bapa kita kepada kita, kerana Dia menyebut kita anak-anak-Nya, dan itulah kita!" – 1 Yohanes 3:1a

Kisah Michael:

Michael mempunyai bapa duniawi yang jauh, jadi dia menganggap Tuhan adalah sama. Tetapi dari masa ke masa, dia menemui Bapa Syurgawi yang tinggal, mendengar, dan mengasihi.

Kisah Grace:

Grace tidak pernah mengenali ayahnya. Tetapi pada suatu pagi dalam penyembahan, dia merasakan lengan memeluknya—walaupun tiada sesiapa di situ. Dia tahu: *"Itu adalah Bapa Abba."*

Wawasan Kebaktian:

Kasih Bapa mentakrifkan semula penolakan. Di mana orang lain pergi, Tuhan tetap ada. Di mana orang lain mengabaikan anda, Tuhan memilih anda.

Awak bukan yatim piatu. Anda **diterima pakai, diterima dan dipuja** .

Soalan Refleksi:

1. Apakah pandangan anda tentang Tuhan Bapa? Adakah ia mencerminkan kebenaran—atau luka masa lalu?
2. Bagaimanakah kehidupan anda akan berubah jika anda hidup seperti anak yang disayangi?

Pengisytiharan Doa:

Abba Bapa, bantu saya menerima kasih-Mu—bukan sebagai idea, tetapi sebagai realiti. Sembuhkan imej saya tentang Anda. Izinkan aku berehat dalam dakapanMu. Amin,

Gesaan Jurnal:

Tulis catatan jurnal seolah-olah Tuhan adalah Bapa anda yang sempurna yang bercakap dengan anda secara langsung.

Nota:

HARI 18: Mengembalikan Nilai Diri

Kitab Suci (NLT):

"Terima kasih kerana menjadikan saya begitu rumit! Hasil kerja anda sangat mengagumkan—sejauh mana saya mengetahuinya." – Mazmur 139:14

Kisah Michael:

Michael tidak pernah merasa "cukup." Tetapi apabila dia mengkaji betapa Allah sengaja merancang dia, dia berhenti cuba menjadi orang lain dan memeluk siapa dia.

Kisah Grace:

Grace melihat ke cermin dan berkata, *"Saya bukan kesilapan saya."* Detik itu memulakan perjalanannya kembali ke maruah diri.

Wawasan Kebaktian:

Penolakan merosakkan cara anda melihat diri anda. Tetapi kebenaran Tuhan membina semula nilai anda. Anda tidak boleh pakai buang. Anda **hebat, disengajakan, dan berharga** .

Soalan Refleksi:

1. Apakah pembohongan yang anda percayai tentang nilai anda?
2. Apakah yang dinyatakan dalam Mazmur 139 tentang cara Tuhan melihat anda?

Pengisytiharan Doa:

Ya Allah, pulihkan harga diriku. Ajar saya untuk mencintai apa yang telah Engkau ciptakan—saya. Senyapkan suara yang memalukan, dan biarkan aku mendengar kegembiraan-Mu. Amin.

Gesaan Jurnal:

Senaraikan 5 perkara yang anda suka (atau ingin cintai) tentang diri anda—badan, minda, jiwa atau roh.

Nota:

HARI 19: Membina Sempadan Sihat

Kitab Suci (AMP):

"Di atas segalanya, jagalah hatimu, kerana segala yang kamu lakukan mengalir daripadanya." – Amsal 4:23

Kisah Michael:

Michael sentiasa berkata "ya" untuk mengelakkan penolakan. Tetapi dia akhirnya letih, pahit, dan letih. Belajar untuk mengatakan "tidak" adalah perkara paling penyayang yang pernah dia lakukan.

Kisah Grace:

Grace membiarkan orang berjalan di sekelilingnya—sehingga dia menyedari kebaikannya bukanlah kelemahan, tetapi memerlukan perlindungan. Dia menetapkan sempadan dan mendapati kedamaian.

Wawasan Kebaktian:

Penyembuhan bermakna belajar untuk **menjaga hati anda** . Sempadan bukan tembok untuk menghalang orang ramai—ia adalah pintu yang melindungi keamanan anda dan menghormati nilai anda.

Batasan berkata: *"Saya sayang awak dan saya juga sayang saya."*

Soalan Refleksi:

1. Di manakah dalam hidup anda anda memerlukan sempadan yang lebih baik?
2. Adakah terdapat hubungan di mana ketakutan akan penolakan telah membuat anda berkompromi dengan keamanan anda?

Pengisytiharan Doa:

Tuhan, bantulah aku memuliakan-Mu dengan memuliakan diriku sendiri. Ajar saya untuk mengatakan tidak apabila diperlukan dan ya apabila ia betul. Berikan saya kekuatan untuk menetapkan sempadan dengan cinta. Amin.

Gesaan Jurnal:

Lukis peta sempadan peribadi—apa yang okey, apa yang tidak okey dan perkara yang anda perlukan untuk berasa selamat dan utuh.

Nota:

HARI 20: Berdiri dalam Identiti Baharu Anda

Kitab Suci (AMP):

“Sebab itu jika seseorang ada di dalam Kristus [iaitu, dicantumkan, dipersatukan dengan Dia oleh iman kepada-Nya sebagai Juruselamat], ia adalah ciptaan baru [dilahirkan semula dan diperbaharui oleh Roh Kudus]… ” – 2 Korintus 5:17

Kisah Michael:

Michael tidak lagi memperkenalkan dirinya sebagai "lelaki yang mempunyai masalah." Dia berkata, *“Saya telah ditebus, dipulihkan, dan dalam misi.”*

Kisah Grace:

Grace berhenti bermain kecil. Dia masuk ke dalam bilik kerana mengetahui dia dipilih—bukan kerana siapa dirinya—tetapi kerana Dia *milik siapa* .

Wawasan Kebaktian:

Penolakan cuba menentukan identiti anda. Tetapi

penebusan menulisnya semula . Anda tidak rosak, ditolak, atau dilupakan.

Anda adalah anak Tuhan—dipulihkan, diperbaharui, dan bercahaya.

Soalan Refleksi:

1. Bagaimanakah anda menerangkan identiti anda sekarang?
2. Apakah tabiat harian yang membantu anda berdiri teguh dalam identiti baharu anda?

Pengisytiharan Doa:

Yesus, saya melangkah sepenuhnya ke dalam identiti yang telah Engkau berikan kepada saya. Saya meninggalkan setiap label palsu dan berjalan dengan berani sebagai kekasih-Mu. Biarlah hidupku mencerminkan kemuliaan-Mu. Amin.

Gesaan Jurnal:

Nyatakan identiti anda dalam Kristus dalam satu perenggan. Cakap dengan berani dan simpan di tempat yang boleh anda baca setiap hari.

Nota:

HARI 21: Menuntut Semula Suara Anda

Kitab Suci (NLT):

"Lidah boleh membawa kematian atau kehidupan; mereka yang suka bercakap akan menuai akibatnya."
– Amsal 18:21

Kisah Michael:

Michael telah mendiamkan dirinya untuk menjaga keamanan. Tetapi dia menyedari suaranya mempunyai nilai. Kesaksiannya mula membebaskan orang lain apabila dia mula bersuara.

Kisah Grace:

Grace sentiasa membiarkan orang lain bercakap untuknya. Tetapi pada hari dia menceritakan kisahnya secara terbuka, dia menangis-bukan kerana malu, tetapi kerana penyembuhan.

Wawasan Kebaktian:

Penolakan sering merampas suara kita. Tetapi penyembuhan memulihkannya. Cerita awak penting.

Suara anda membawa kuasa dan penyembuhan—untuk diri sendiri dan orang lain.

Anda tidak lagi tidak bersuara. Anda adalah *pembawa harapan* .

Soalan Refleksi:

1. Adakah anda telah membungkam suara anda kerana ketakutan atau penolakan masa lalu?
2. Apakah mesej yang telah melengkapkan perjalanan penyembuhan anda untuk dikongsikan?

Pengisytiharan Doa:

Bapa, bantu saya bercakap tentang kehidupan. Pulihkan suara saya dan berikan saya keberanian untuk berkongsi apa yang telah Anda lakukan. Biarkan cerita saya membawa kebebasan kepada orang lain. Amin.

Gesaan Jurnal:

Tulis versi pendek kesaksian anda—dari mana anda datang dan ke mana Tuhan membawa anda.

Nota:

HARI 22: Menebus Kesilapan Masa Lalu

Kitab Suci (AMP):

"Dan kita tahu [dengan keyakinan yang besar] bahawa Allah [yang sangat prihatin terhadap kita] menyebabkan segala sesuatu bekerja bersama-sama [sebagai rancangan] untuk kebaikan…" – Roma 8:28

Kisah Michael:

Michael percaya masa lalunya telah membatalkan kelayakannya. Tetapi Tuhan menggunakan kegagalannya sebagai asas untuk panggilannya.

Kisah Grace:

Grace menganggap sejarah perhubungannya yang terputus menyebabkan dia tidak dapat digunakan. Tetapi Tuhan mengubah kesakitannya menjadi pelayanan penyembuhan bagi orang lain.

Wawasan Kebaktian:

Penolakan sering membuatkan kita dihantui penyesalan. Tetapi Tuhan tidak mensia-siakan apa-apa—walaupun kegagalan kita. Dia menebus, memulihkan, dan menulis semula cerita kita.

Tiada sesuatu pun yang melampaui rahmatNya.

Soalan Refleksi:

1. Apakah kesilapan lalu yang masih menyebabkan anda malu?
2. Bagaimana mungkin Tuhan ingin menggunakan pengalaman itu untuk kemuliaan-Nya?

Pengisytiharan Doa:

Tuhan, terima kasih kerana tidak ada yang membatalkan saya daripada cinta-Mu. Tebus masa lalu saya. Gunakan cerita saya untuk kebaikan dan jadikan keindahan dari kehancuran saya. Amin.

Gesaan Jurnal:

Renungkan satu penyesalan dari masa lalu anda.

Mintalah Tuhan untuk menunjukkan kepada anda bagaimana Dia menebusnya.

Nota:

HARI 23: Menerima Kedamaian Dalaman

Kitab Suci (NLT):

"Aku tinggalkan kepadamu dengan anugerah—ketenangan fikiran dan hati. Dan damai sejahtera yang Kuberikan adalah anugerah yang tidak dapat diberikan dunia..." - Yohanes 14:27

Kisah Michael:

Michael dilanda kebimbangan dan meneka. Tetapi di hadapan Tuhan, dia mendapati kesunyian yang melabuhkan dirinya.

Kisah Grace:

Grace selalu sibuk untuk mengelakkan kesunyian. Tetapi apabila dia akhirnya perlahan, kedamaian menemuinya.

Wawasan Kebaktian:

Penolakan menimbulkan kekacauan batin—tetapi

Yesus memberikan kedamaian batin. Kedamaian bukanlah ketiadaan konflik—ia adalah kehadiran Kristus.

Anda selamat di dalam Dia.

Soalan Refleksi:

1. Apakah yang paling kerap mencuri kedamaian anda?
2. Apakah yang boleh anda lakukan untuk mencipta ruang untuk menerima kedamaian Tuhan setiap hari?

Pengisytiharan Doa:

Yesus, damailah hatiku. Sunyi setiap ribut dalam diri saya. Biarkan ketenanganmu menjadi suasanaku. Saya menerima kedamaian yang hanya Engkau boleh berikan. Amin.

Gesaan Jurnal:

Terangkan detik minggu ini apabila anda berasa tenang. Apa yang menyumbang kepada detik itu?

Nota:

HARI 24: Memupuk Komuniti Menyokong

Kitab Suci (AMP):

"Berdua lebih baik daripada seorang... Kerana jika salah satu dari keduanya jatuh, yang satu akan mengangkat temannya." – Pengkhotbah 4:9–10a

Kisah Michael:

Michael cuba untuk sembuh sendirian, tetapi dia tidak berjaya. Apabila dia menyertai kumpulan lelaki, dia mendapat kekuatan dalam perjuangan bersama.

Kisah Grace:

Grace mempunyai masalah kepercayaan. Tetapi sedikit demi sedikit, dia membuka diri kepada sekumpulan wanita yang menjadi talian hayatnya.

Wawasan Kebaktian:

Penolakan mengasingkan, tetapi pemulihan berlaku

dalam komuniti. Anda tidak dicipta untuk menjalani hidup sendirian.

Hubungan yang selamat dan menyokong adalah sebahagian daripada rancangan penyembuhan Tuhan untuk anda.

Soalan Refleksi:

1. Adakah anda mempunyai orang yang mengangkat anda secara rohani dan emosi?
2. Apakah langkah yang boleh anda ambil untuk membina hubungan yang saleh?

Pengisytiharan Doa:

Tuhan, pimpinlah aku kepada orang yang benar. Bantu saya mencari dan memupuk komuniti yang mencerminkan hati-Mu. Ubat ketakutan saya terhadap kedekatan. Amin.

Gesaan Jurnal:

Senaraikan orang yang menyokong perjalanan penyembuhan anda. Tulis apa yang anda bersyukur tentang mereka—atau tulis doa untuk sambungan masa hadapan.

Nota:

HARI 25: Mengisytiharkan Perang Melawan Malu

Kitab Suci (NLT):

"Jadi sekarang tidak ada penghukuman bagi mereka yang menjadi milik Kristus Yesus." – Roma 8:1

Kisah Michael:

Masa lalu Michael menghantuinya sehingga dia menjerit pada suatu hari, *"Saya bukan siapa saya—saya adalah apa yang Dia katakan!"* Rasa malu memutuskan hidupnya pada saat itu.

Kisah Grace:

Grace memakai rasa malu seperti kulit kedua—sehingga dia berdiri di hadapan cermin dan berkata, *"Saya memaafkan diri saya sendiri."* Buat pertama kalinya, dia berasa bebas.

Wawasan Kebaktian:

Malu berkata, *"Kamu tidak layak."* Tetapi Yesus

berkata, *"Kamu diampuni, dikasihi, dan dijadikan baru."*

Anda tidak perlu hidup dalam malu lagi. Salib mempunyai kata akhir.

Soalan Refleksi:

1. Apakah bidang kehidupan anda yang masih dibebani oleh rasa malu?
2. Kebenaran apakah yang diisytiharkan oleh Roma 8:1 atas kamu?

Pengisytiharan Doa:

Yesus, saya menolak rasa malu. Saya menerima pengampunan dan rahmat-Mu. Aku tidak dihukum—aku bersih, terpilih, dan lengkap di dalam Engkau. Amin.

Gesaan Jurnal:

Tulis sepucuk surat kepada diri anda yang lalu—penuh dengan cinta, rahmat, dan penegasan.

Nota:

HARI 26: Memeluk Identiti Sebenar Anda

Kitab Suci (AMP):

"Tetapi kamu adalah bangsa yang terpilih, imamat yang rajani, bangsa yang dikuduskan, umat [khusus] kepunyaan Allah…" – 1 Petrus 2:9

Kisah Michael:

Michael telah memakai banyak label—kegagalan, kekecewaan, kesilapan. Tetapi dalam Kristus, dia mendapati dia adalah raja, bukan runtuhan.

Kisah Grace:

Grace hidup di bawah label yang diletakkan orang lain kepadanya. Tetapi apabila dia memeluk identitinya sebagai anak perempuan Tuhan, wajahnya berubah.

Wawasan Kebaktian:

Penolakan cuba menamakan kita-tetapi Tuhan sudah ada. Dia memanggil kita *terpilih, dikasihi, utuh, milik-*

Nya. Anda bukan masa lalu anda. Anda bukan seperti yang mereka katakan.

Anda adalah yang *Dia* katakan anda.

Soalan Refleksi:

1. Apakah label negatif yang telah anda terima tentang diri anda?
2. Apa yang Tuhan katakan tentang identiti anda?

Pengisytiharan Doa:

Bapa, saya menolak setiap identiti palsu. Saya menerima siapa yang Engkau katakan saya—disayangi, dipilih, dan berharga. Biarlah identitiku berakar padaMu. Amin.

Gesaan Jurnal:

Tulis satu pengisytiharan tentang siapa anda di dalam Kristus. Cakap dengan kuat setiap pagi.

Nota:

HARI 27: Berjalan dalam Pengampunan

Kitab Suci (NLT):

"Maafkan kesalahan masing-masing... Ingat, Tuhan telah mengampuni kamu, jadi kamu mesti mengampuni orang lain." – Kolose 3:13

Kisah Michael:

Michael menyimpan kepahitan terhadap ayahnya. Tetapi apabila dia melepaskannya dalam pengampunan, penyembuhan dalam hidupnya sendiri dipercepatkan.

Kisah Grace:

Grace menulis surat kepada ibunya yang tidak pernah mengesahkannya. Walaupun dia tidak pernah menghantarnya, pengampunan membanjiri hatinya.

Wawasan Kebaktian:

Memaafkan bukanlah merelakan kecederaan—ia memilih kebebasan daripada perhambaan. Anda tidak boleh berjalan dalam pemulihan sambil membawa rantai kepahitan.

Pengampunan adalah untuk *anda* .

Soalan Refleksi:

1. Siapa yang anda masih perlu maafkan—sejujurnya?
2. Apa yang menghalang anda daripada melepaskannya?

Pengisytiharan Doa:

Tuhan, saya memilih untuk memaafkan. Saya melepaskan luka dan orang itu. Sembuhkanlah lukaku sebagaimana aku taat kepada-Mu. Berikan saya rahmat untuk berjalan dalam kebebasan. Amin.

Gesaan Jurnal:

Tulis doa pengampunan kepada seseorang yang sangat menyakiti anda.

Nota:

HARI 28: Mengejar Tujuan dengan Keberanian

Kitab Suci (NLT):

"Sebab kita adalah karya agung Allah, Dia telah menciptakan kita baru dalam Kristus Yesus, supaya kita dapat melakukan perkara-perkara yang baik yang telah direncanakan-Nya untuk kita…" – Efesus 2:10

Kisah Michael:

Michael tidak pernah menyangka Tuhan boleh menggunakan dia. Tetapi kini, dia membimbing lelaki muda dari rumah tangga yang berpecah-belah—seperti dia dahulu.

Kisah Grace:

Grace melancarkan kumpulan sokongan untuk wanita yang memerangi rasa tidak selamat. Kesakitannya menjadi platformnya.

Wawasan Kebaktian:

Tuhan bukan sahaja menyembuhkan kita *untuk kita* . Dia menyembuhkan kita supaya kita boleh membantu menyembuhkan orang lain. Pemulihan anda disambungkan kepada orang lain.

Anda *diurapi untuk kesan.*

Soalan Refleksi:

1. Apakah keghairahan yang muncul daripada kesakitan anda?
2. Bagaimanakah anda boleh mula melayani orang lain dengan cerita anda?

Pengisytiharan Doa:

Bapa, gunakan perjalananku untuk kemuliaan-Mu. Tunjukkan saya kepada siapa dan bagaimana. Biarkan hidup saya bersinar dengan tujuan. Amin.

Gesaan Jurnal:

Senaraikan tiga cara masa lalu anda boleh membantu orang lain hari ini. Apakah yang anda akan lakukan minggu ini untuk bertindak pada satu?

Nota:

HARI 29: Hidup Tanpa Goyah Seluruh

Kitab Suci (AMP):

"Engkau akan menjaga dia dan memelihara dia dalam damai sejahtera yang sempurna dan tetap yang pikirannya tertuju kepada-Mu..." – Yesaya 26:3

Kisah Michael:

Michael pernah panik apabila ditolak. Kini, penolakan muncul dari dirinya—identitinya terlalu berlabuh untuk digerakkan.

Kisah Grace:

Rahmat tidak lagi dicetuskan oleh pengabaian. Dia tahu dia selamat dalam Tuhan, dan kedamaian itu tidak boleh dicuri.

Wawasan Kebaktian:

Kesempurnaan bukanlah kesempurnaan. Ia adalah kedamaian dalam ribut. Apabila anda berakar dalam

Kristus, penolakan mungkin mengetuk-tetapi ia tidak akan mencabut anda.

Awak sihat. Anda tidak tergoyahkan.

Soalan Refleksi:

1. Apakah satu situasi yang pernah menggegarkan anda, tetapi tidak lagi?
2. Apakah sauh anda apabila kehidupan menjadi tidak stabil?

Pengisytiharan Doa:

Tuhan, saya menerima keutuhan-Mu. Biarlah kedamaian-Mu menjaga hati dan fikiranku. Jadikan aku tidak goyah di dalam Engkau. Amin.

Gesaan Jurnal:

Tulis tentang cara anda berubah sejak Hari 1 perjalanan ini.

Nota:

HARI 30: Ditugaskan untuk Menyembuhkan Orang Lain

Kitab Suci (NLT):

"Ia menghibur kami dalam segala kesusahan kami, sehingga kami dapat menghibur orang lain…" – 2 Korintus 1:4

Kisah Michael:

Michael tidak pernah membayangkan menjadi seorang pemimpin. Tetapi kini dia mengembara berkongsi bagaimana Tuhan menyembuhkan hati seperti dia.

Kisah Grace:

Grace mengetuai retret untuk wanita yang sembuh daripada trauma. Parutnya menjadi panggilan keramatnya.

Wawasan Kebaktian:

Ini bukan penamat—ia adalah permulaan. Perjalanan

pemulihan anda kini adalah *pelayanan anda* . Anda telah *dipanggil* , *dilengkapi* dan *dihantar* .

Anda adalah wadah penyembuhan.

Soalan Refleksi:

1. Siapa yang perlu mendengar cerita anda sekarang?
2. Apakah yang akan anda lakukan dengan penyembuhan yang anda terima?

Pengisytiharan Doa:

Bapa, terima kasih kerana memulihkan saya. Saya menerima panggilan-Mu. Jadikan aku cahaya dan wadah harapan bagi orang lain yang masih dalam kegelapan. Amin.

Gesaan Jurnal:

Tulis "surat pentauliahan" anda daripada Tuhan. Apa yang Dia panggil kamu lakukan dari sini?

Nota:

Kesimpulan: Dari Pemulihan kepada Tujuan

Anda telah pergi jauh. Tiga puluh hari yang lalu, anda memulakan perjalanan ini dengan berat penolakan—sesetengah luka segar, yang lain terkubur jauh di bawah kesunyian bertahun-tahun. Tetapi hari demi hari, kebenaran demi kebenaran, anda telah menghadapi kesakitan, membuka hati anda, dan menjemput Tuhan untuk menyembuhkan apa yang patah.

Kini, sesuatu telah berubah. Anda tidak lagi ditakrifkan oleh penolakan—anda ditandakan dengan **penebusan** .

Anda **dikasihi** - bukan kerana apa yang telah anda lakukan, tetapi untuk siapa anda di dalam Kristus.
Anda **dipilih** —dipilih sendiri oleh Tuhan untuk masa seperti ini.
Anda **utuh** —dipulihkan dari dalam, bukan lagi tahanan masa lalu anda.

Tetapi ini bukan penamat— **ini permulaan baharu anda.**

Semasa anda melangkah ke musim seterusnya dalam hidup anda, semoga anda berjalan dengan keyakinan yang diperbaharui, kejernihan rohani, dan kedamaian yang tidak berbelah bahagi. Biarkan parut anda menjadi kesaksian anda. Biarkan kesakitan anda menyemarakkan tujuan anda. Biarlah Tuhan yang sama yang menyembuhkan anda sekarang menggunakan anda sebagai alat penyembuhan bagi orang lain.

Anda telah sembuh untuk menjadi penyembuh.

Teruskan dalam Firman. Kekal dalam komuniti. Bersandar pada panggilan anda. Masih ada nyawa menanti di sisi lain ketaatanmu. Anda telah merasai pemulihan—kini tinggal di dalamnya, berkembang di dalamnya dan kongsikannya dengan dunia.

Dari penolakan kepada pemulihan. Dari pecah kepada keseluruhan. Dari terus hidup kepada berkembang maju.
Ini cerita awak sekarang.

Dengan sepenuh hati kami,
Zacharias Godseagle ; Duta Isnin O. Ogbe & Comfort Ladi Ogbe
God's Eagle Ministries – PERMATA
www.otakada.org

Disayangi, Dipilih dan Sepenuhnya: Perjalanan 30 Hari dari Penolakan kepada Pemulihan

BAGAIMANA UNTUK DILAHIRKAN SEMULA OLEH BILLY GRAHAM

Bagaimana untuk Dilahirkan Semula

Oleh Billy Graham

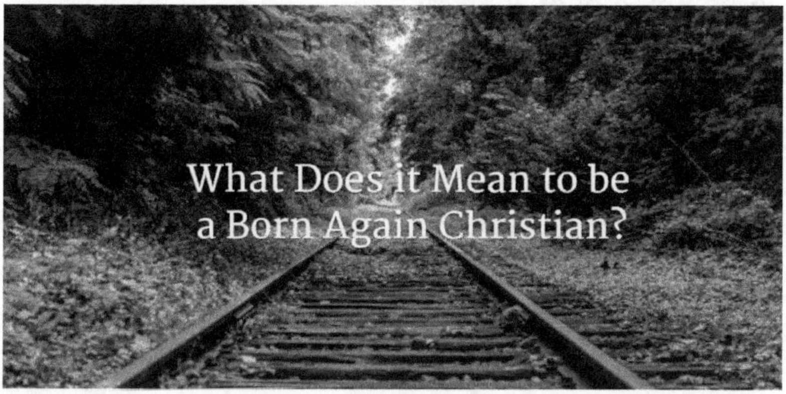

Seorang lelaki bernama Nikodemus datang kepada Yesus pada waktu malam. Mungkin dia takut akan kritikan atau dia mempunyai keinginan untuk perbualan peribadi, atau mungkin dia ingin mengetahui lebih lanjut sebelum menyerahkan dirinya kepada Yesus Kristus. Walau apa pun, dia datang dan bertanya kepada Yesus beberapa soalan.

Yesus memandang kepadanya dan berkata, “Nicodemus, engkau perlu dilahirkan kembali” (lih.

Yohanes 3:5). Malah, Dia berkata, "Sungguh, sesungguhnya"—dan bila-bila masa Yesus menggunakan ungkapan itu, Dia bermaksud bahawa apa yang akan diikuti adalah sangat penting. Dia berkata, "Sesungguhnya, sesungguhnya, Aku berkata kepadamu ... kamu mesti dilahirkan semula" (Yohanes 3:5,7, KJV).

Adakah anda telah dilahirkan semula? **Panggil ia penukaran, panggil ia komitmen, panggil ia taubat** , panggil ia diselamatkan, tetapi adakah ia berlaku kepada anda? Adakah Kristus tinggal di dalam hati anda? Adakah anda tahu? Ramai orang telah lama berfikir tentang agama dan Kristian tetapi tidak pernah membuat komitmen. Adakah anda komited kepada Yesus Kristus?

Nikodemus pasti terkejut apabila Yesus berkata, "Kamu mesti dilahirkan semula." Ia tidak akan mengejutkan jika Kristus telah berkata demikian kepada Zakheus pemungut cukai atau kepada pencuri di kayu salib atau kepada wanita yang tertangkap dalam perzinaan. Tetapi Nikodemus adalah salah seorang pemimpin agama yang hebat pada zamannya. Namun, dia masih mencari realiti.

Anda boleh pergi ke gereja, tetapi mungkin anda masih mencari. Terdapat ruang kosong di dalam hati anda, dan sesuatu di dalam memberitahu anda bahawa anda tidak betul dengan Tuhan. Nikodemus berpuasa dua hari seminggu. Dia menghabiskan dua jam setiap hari dalam solat. Dia memberi persepuluhan. Mengapa Yesus berkata bahawa Nikodemus mesti dilahirkan semula? Kerana Dia dapat membaca isi hati Nikodemus. Yesus melihat bahawa Nikodemus telah menyelubungi dirinya dengan agama tetapi belum menemui persekutuan dengan Tuhan.

Punca Masalah Kita

Apakah yang menyebabkan semua masalah kita di dunia—berbohong dan menipu dan membenci dan prasangka serta ketidaksamaan sosial dan peperangan? Yesus berkata, "Tetapi apa yang keluar dari mulut berasal dari hati, dan itu menajiskan manusia" (Matius 15:18). Dia kata masalahnya ada dalam hati kita; hati kita perlu diubah.

Ahli psikologi, ahli sosiologi dan pakar psikiatri semuanya menyedari bahawa ada sesuatu yang tidak kena dengan manusia. Banyak perkataan dalam Kitab Suci menerangkannya. Di antaranya ialah perkataan **pelanggaran** : "Dosa ialah pelanggaran hukum" (1 Yohanes 3:4, KJV). undang-undang apa? Hukum Musa, Sepuluh Perintah. Pernahkah anda melanggar salah satu daripada Perintah tersebut? Kemudian anda bersalah kerana telah memecahkan semuanya (Yakobus 2:10).

Perkataan dosa membawa bersamanya idea kehilangan tanda, tidak melaksanakan tugas kita, gagal melakukan apa yang sepatutnya kita lakukan. Alkitab berkata, "Segala ketidakbenaran adalah dosa" (1 Yohanes 5:17, KJV). Namun sebelum kita boleh ke syurga, kita mesti mempunyai kebenaran. Tuhan berkata, "Hendaklah kamu sempurna seperti Aku sempurna, kudus seperti Aku kudus" (Matius 5:48, 1 Petrus 1:16).

Di manakah kita hendak mendapatkan kesempurnaan itu? Kita tidak memilikinya sekarang, namun kita tidak boleh masuk syurga jika kita tidak memilikinya. Itulah sebabnya Kristus mati di kayu salib; Dia menumpahkan darah-Nya dan bangkit kembali untuk menyediakan kebenaran bagi kita.

Perkataan lain ialah **kemungkaran** , yang bermaksud menyimpang dari jalan yang lurus. Yesaya berkata, "Kita semua telah sesat seperti domba, masing-masing kita telah berbalik ke jalannya sendiri, dan Tuhan telah menimpakan kepadanya kejahatan kita semua" (Yesaya 53:6).

Alkitab berkata, "Sebab itu, sama seperti dosa telah masuk ke dalam dunia oleh satu orang , dan oleh dosa itu juga maut ... demikianlah maut itu menjalar kepada semua orang, kerana semua orang telah berbuat dosa" (Roma 5:12). Setiap orang memerlukan perubahan radikal. Kita perlu mengampuni dosa kita; kita perlu berpakaian dalam kebenaran Tuhan. Untuk mencari kepuasan dalam hidup ini, kita perlu mencari sesuatu untuk dikomitkan. Adakah anda seorang yang komited? Apa yang anda komited? Mengapa anda tidak menjadikan Kristus sebagai usaha anda dan mengikut Dia? Dia tidak akan mengecewakan anda.

Kelahiran Baru

Sesetengah orang bertanya soalan: Apakah kelahiran baru? Nikodemus menanyakan soalan itu juga: "Bagaimanakah seseorang boleh dilahirkan apabila dia sudah tua?" Dia mahu memahaminya.

Saya dilahirkan dan dibesarkan di ladang tenusu. Bagaimanakah seekor lembu hitam boleh makan rumput hijau dan menghasilkan susu putih dan mentega kuning? Saya tidak faham itu. Saya mungkin berkata, "Oleh kerana saya tidak memahaminya, saya tidak akan minum susu lagi." Dan anda akan berkata, "Anda gila."

Saya tidak memahaminya, tetapi saya menerimanya dengan iman. Nikodemus hanya dapat melihat fizikal dan material, tetapi Yesus bercakap tentang rohani.

Bagaimanakah kelahiran baru dicapai? Kita tidak boleh mewarisi kelahiran baru. Alkitab berkata bahawa mereka yang dilahirkan semula "dilahirkan bukan dari darah, bukan juga dari keinginan daging, bukan juga dari kehendak manusia, melainkan dari Allah" (Yohanes 1:13). Bapa dan ibu kita mungkin Kristian dilahirkan semula yang paling hebat di dunia, tetapi itu tidak menjadikan kita Kristian dilahirkan semula juga. Ramai orang mempunyai idea bahawa kerana mereka dilahirkan dalam rumah Kristian, mereka secara automatik adalah Kristian. Mereka tidak.

Kita tidak boleh bekerja dengan cara kita kepada Tuhan, sama ada. Alkitab mengatakan bahawa keselamatan datang "bukan karena perbuatan-perbuatan kebenaran yang telah kita lakukan, tetapi menurut belas kasihan-Nya Ia telah menyelamatkan kita, oleh pembasuhan kelahiran semula dan pembaharuan dari Roh Kudus" (Titus 3:5).

Reformasi juga tidak mencukupi. Kita boleh berkata, "Saya akan membuka lembaran baru," atau "Saya akan membuat azam Tahun Baru." Tetapi Yesaya berkata bahawa di hadapan Tuhan "segala kebenaran kita seperti kain kotor" (Yesaya 64:6).

Sesetengah daripada kita telah berubah di luar untuk mematuhi piawaian sosial atau tingkah laku tertentu yang diharapkan daripada kita dalam gereja kita, tetapi di dalam kita tidak pernah diubah. Itulah yang Yesus katakan kepada Nikodemus. Dia berkata, "Nicodemus, kamu perlu berubah dalam diri," dan hanya Roh Kudus yang boleh melakukannya. Dilahirkan dari atas adalah perbuatan ghaib Tuhan. Roh Kudus menginsafkan kita tentang dosa kita; Dia mengganggu kita kerana kita telah berdosa kepada Tuhan. Dan kemudian Roh Kudus menjana semula kita. Itulah apabila kita dilahirkan semula. Roh Kudus datang untuk hidup dalam hati kita untuk membantu kita dalam kehidupan seharian kita. Roh Tuhan memberi kita jaminan, memberi kita kegembiraan, menghasilkan buah dalam hidup kita dan mengajar kita Kitab Suci.

Sesetengah orang cuba meniru Kristus. Mereka berfikir bahawa apa yang perlu kita lakukan ialah cuba mengikut Yesus dan cuba melakukan perkara-perkara yang Dia lakukan, dan kita akan masuk ke syurga. Tetapi kita tidak boleh melakukannya. Kita mungkin tahu lagu-lagu agama. Kita juga boleh berdoa. Tetapi jika kita belum sampai ke kaki salib, kita belum dilahirkan semula. Itulah mesej yang cuba diajarkan Yesus kepada kita.

Dilahirkan semula bermaksud bahawa "[Tuhan] akan memberi kamu hati yang baru dan roh yang baru di dalam kamu" (Yehezkiel 36:26). "Hal-hal yang lama telah berlalu, lihatlah, segala sesuatu telah menjadi baru" (2 Korintus 5:17). Kita adalah "mengambil bahagian dalam kodrat ilahi" (2 Petrus 1:4); kita telah "berpindah dari maut ke dalam hidup" (Yohanes 5:24). Kelahiran baru membawa perubahan dalam falsafah dan cara hidup kita.

Misteri

Terdapat misteri untuk kelahiran baru. Yesus berkata, "Angin bertiup ke mana ia kehendaki, dan engkau mendengar bunyinya, tetapi engkau tidak tahu dari mana ia datang dan ke mana ia pergi" (Yohanes 3:8). Tetapi anda boleh melihat hasilnya. Yesus tidak cuba menjelaskan kelahiran baru kepada Nikodemus; fikiran kita yang terbatas tidak dapat memahami yang tidak terhingga. Kita datang dengan iman seperti kanak-kanak yang mudah, dan kita meletakkan iman kita kepada Yesus Kristus. Apabila kita melakukannya, kita dilahirkan semula.

Adakah anda pasti akan keselamatan anda?

Ia berlaku dengan cara ini. Pertama kita perlu mendengar Firman Tuhan. "Iman timbul dari pendengaran, dan pendengaran oleh firman Allah" (Roma 10:17). Itu adalah langkah pertama. " Telah berkenan kepada Allah oleh kebodohan pemberitaan Injil untuk menyelamatkan mereka yang percaya" (1 Korintus 1:21). Kedengaran bodoh bahawa kata-kata dari Alkitab mempunyai kuasa untuk menembusi hati kita dan mengubah hidup kita, tetapi ia boleh berlaku, kerana ia adalah firman suci Tuhan.

Kemudian ada kerja Roh Kudus. Dia menginsafkan: “Dan apabila Ia datang, Ia akan menginsafkan dunia akan dosa, kebenaran dan penghakiman” (Yohanes 16:8). Dia mengubah kita. Dia mengubah kehendak kita, kasih sayang kita, objektif kita untuk hidup, perangai kita. Dia memberi kita tujuan baru dan matlamat baru. “Perkara yang lama berlalu, dan segala sesuatu menjadi baru” (lih. 2 Korintus 5:17). Kemudian Dia mendiami kita: “Tidak tahukah kamu, bahawa kamu adalah bait Allah dan bahawa Roh Allah diam di dalam kamu?” Adakah Tuhan Roh Kudus tinggal di dalam kamu?

Yesus Kristus berkata bahawa kita mesti dilahirkan semula. Bagaimanakah kita dilahirkan semula? Dengan bertaubat dari dosa. Itu bermakna kita sanggup mengubah cara hidup kita. Kami berkata kepada Tuhan, "Saya seorang pendosa, dan saya minta maaf." Ia mudah dan seperti kanak-kanak. Kemudian dengan iman kita menerima Yesus Kristus sebagai Tuhan dan Guru dan Juruselamat kita. Kita bersedia mengikut Dia dalam kehidupan baru ketaatan, di mana Roh Kudus membantu kita semasa kita membaca Alkitab dan berdoa serta bersaksi.

Jika terdapat keraguan dalam fikiran anda tentang sama ada anda telah dilahirkan semula, saya harap anda akan menyelesaikannya sekarang, kerana Alkitab berkata dalam 2 Korintus 6:2, “Sekarang adalah waktu yang diperkenankan; ... [hari ini] adalah hari keselamatan.”

“Saya seorang yang berdosa, dan saya minta maaf.

Adakah anda bimbang tentang masa depan? Bergelut dengan isu peribadi atau rohani yang menyebabkan kebimbangan, ketidakpastian atau ketakutan tentang hari esok? Semak imbas berpuluh-puluh topik dan soalan dan mulakan perjalanan anda ke kehidupan yang lebih aman sekarang.

Mencari Jawapan?

Adakah Tuhan menarik hati anda? Adakah anda bersedia untuk kedamaian yang sebenar dan kekal yang hanya datang melalui hubungan dengan Tuhan yang esa? Ambil langkah menuju Dia hari ini.

Anda Boleh Berdamai Dengan Tuhan

Apa Itu Damai?

Begitu ramai orang berusaha untuk satu perkara lebih daripada yang lain-kedamaian. Sebab mereka mencarinya adalah kerana tiada keselesaan atau kebebasan yang berkekalan dalam hidup mereka. Seolah-olah mereka sentiasa tidak tenang. Bible mentakrifkan keamanan terutamanya dalam tiga cara.

Kedamaian psikologi, keselesaan dalam diri.
Keamanan perhubungan, keharmonian sesama manusia.
Kedamaian rohani, iaitu antara Tuhan dan manusia.

Bible menggariskan bagaimana dosa merosakkan atau menghapuskan ketiga-tiga jenis kedamaian itu. Ketika Tuhan menciptakan manusia, dia berdamai dengan Tuhan, dirinya sendiri, dan semua orang. Namun, kedamaian itu hilang apabila dia menentang Tuhan. Kedamaian boleh dipulihkan, tetapi kita tidak boleh melakukannya sendirian. Allah sediakan jalan.

Yesus Kristus, Anak tunggal Tuhan, telah dihantar ke dunia kita untuk menghapuskan dosa kita. Dia berbuat demikian dengan membenarkan diri-Nya disalibkan, dan pengorbanan itulah yang memungkinkan kita untuk mendapat kedamaian semula—damai dalam diri kita, damai sesama dan damai dengan Tuhan.

Selepas Yesus mati di kayu salib, Dia hidup kembali. Itu menunjukkan bahawa Yesus adalah Tuhan, tetapi juga menjelaskan bahawa Dia ingin semua orang mempunyai kedamaian yang sempurna. "Sebab Dia sendiri adalah damai sejahtera kita, … dan Dia datang dan memberitakan damai sejahtera kepada kamu yang jauh dan damai sejahtera kepada mereka yang dekat" (Efesus 2:14-17).

Yesus memberi kuasa kepada setiap kita untuk mengatasi setiap jenis dosa. Tidak kira betapa sukarnya keadaan anda, Kristus boleh mengatasinya. Tetapi anda mesti terlebih dahulu mengakui dosa anda dan berkomitmen kepada Yesus, kemudian anda boleh mempunyai kedamaian yang sempurna dan mengetahui maknanya.

Yesus berkata, "Semuanya itu Kukatakan kepadamu, supaya kamu beroleh damai sejahtera di dalam Aku" (Yohanes 16:33). Untuk mendapatkan kedamaian, anda mesti mengenali Dia yang dapat memberikannya.

Adakah Anda Bersedia Untuk Damai yang Ditawarkan Yesus?

Sumbangan ke hadapan untuk kejelasan lanjut dan memulakan kehidupan baharu anda dalam Yesus Kristus Di bawah:

MULAKAN HIDUP BARU ANDA BERSAMA KRISTUS

Anda boleh mempunyai kedamaian yang nyata dan kekal hari ini melalui hubungan dengan Yesus Kristus. Mulakan perjalanan empat langkah anda sekarang!

Langkah 1 – Tujuan Tuhan: Kedamaian dan Kehidupan

Tuhan mengasihi anda dan mahu anda mengalami kedamaian dan kehidupan kekal—berlimpah dan kekal.
Alkitab berkata:

"Kita berdamai dengan Allah melalui Tuhan kita Yesus Kristus."
Roma 5:1

"Karena begitu besar kasih Allah akan dunia ini, sehingga Ia telah mengaruniakan Anak-Nya yang tunggal, supaya setiap orang yang percaya kepada-Nya tidak binasa, melainkan beroleh hidup yang kekal."
Yohanes 3:16

"Aku [Yesus] datang supaya mereka mempunyai hidup dan mempunyainya dalam kelimpahan."
Yohanes 10:10

Mengapa kebanyakan orang tidak mempunyai kedamaian dan kehidupan yang melimpah ruah seperti yang Allah rancangkan untuk kita miliki?

Langkah 2 – Masalahnya: Dosa Memisahkan Kita

Tuhan menciptakan kita menurut gambar-Nya sendiri untuk memiliki kehidupan yang berkelimpahan. Dia tidak menjadikan kita sebagai robot untuk secara automatik mencintai dan mentaatiNya. Tuhan memberi kita kehendak dan kebebasan memilih. Kita memilih untuk menderhaka kepada Tuhan dan mengikut kehendak kita sendiri. Kami masih membuat pilihan ini hari ini. Ini mengakibatkan pemisahan daripada Tuhan.
Alkitab berkata:

"Sebab semua orang telah berbuat dosa dan telah kehilangan kemuliaan Allah."
Roma 3:23

"Sebab upah dosa ialah maut, tetapi karunia Allah ialah hidup yang kekal dalam Kristus Yesus, Tuhan kita."
Roma 6:23

Pilihan kita menghasilkan pemisahan daripada Tuhan. Orang ramai telah mencuba dalam pelbagai cara untuk merapatkan jurang ini antara

mereka dengan Tuhan...
Alkitab berkata:

"Ada jalan yang disangka baik oleh manusia, tetapi kesudahannya ialah jalan menuju kematian."
Amsal 14:12

"Tetapi kesalahan-kesalahanmu telah memisahkan antara kamu dan Allahmu, dan dosa-dosamu telah menyembunyikan wajah-Nya dari padamu, sehingga Ia tidak mendengar."
Yesaya 59:2

Tiada jambatan yang sampai kepada Tuhan... kecuali satu.

Langkah 3 – Ubat Tuhan: Salib

Yesus Kristus mati di kayu salib dan bangkit dari kubur. Dia membayar hukuman untuk dosa kita dan merapatkan jurang antara Tuhan dan manusia. Alkitab berkata:

"Sebab Allah itu esa, dan esa pula pengantara antara Allah dan manusia, yaitu manusia Kristus Yesus."
1 Timotius 2:5

"Sebab Kristus juga menderita sekali untuk dosa, yang benar untuk orang yang tidak benar, supaya Ia membawa kita kepada Allah."
1 Petrus 3:18

"Tetapi Allah menunjukkan kasih-Nya kepada kita, oleh karena Kristus telah mati untuk kita, ketika kita masih berdosa."
Roma 5:8

Tuhan telah menyediakan satu-satunya jalan...
Setiap orang mesti membuat pilihan...

Langkah 4 – Respons Kami: Terima Kristus

Kita mesti mempercayai Yesus Kristus sebagai Tuhan dan Juruselamat dan menerima Dia melalui jemputan peribadi.
Alkitab berkata:

"Lihat, Aku berdiri di muka pintu dan mengetuk. Jikalau sesiapa mendengar suara-Ku dan membukakan pintu, Aku akan masuk mendapatkannya dan makan bersama-sama dengan dia, dan dia bersama-sama Aku."
Wahyu 3:20

"Tetapi semua orang yang menerima Dia, yang percaya dalam nama-Nya, diberikan-Nya hak untuk menjadi anak-anak Allah."
Yohanes 1:12

"Jika kamu mengaku dengan mulutmu bahawa Yesus adalah Tuhan dan percaya dalam hatimu bahawa Allah telah membangkitkan Dia dari antara orang mati, kamu akan diselamatkan."
Roma 10:9

Adakah anda akan menerima Yesus Kristus sekarang?

Inilah cara anda boleh menerima Kristus:

Akui keperluan anda. (Saya seorang yang berdosa.)

Sanggup bertobat (bertaubat) dan memohon ampun kepada Allah.
Percaya bahawa Yesus Kristus mati untuk anda di atas salib dan bangkit dari kubur. Melalui doa, jemput Yesus Kristus untuk masuk dan mengawal hidup anda melalui Roh Kudus. (Terima Yesus sebagai Tuhan dan Juruselamat) Kami mencadangkan doa seperti ini:

"Ya Tuhan, saya tahu saya seorang berdosa. Saya ingin bertobat dari dosa saya, dan saya memohon ampun kepada-Mu. Saya percaya bahawa Yesus Kristus adalah Anak-Mu. Saya percaya Dia telah mati untuk dosa-dosa saya dan bahawa Anda telah membangkitkan Dia. Saya mahu Dia masuk ke dalam hati saya dan mengawal hidup saya. Saya ingin mempercayai Yesus sebagai Juruselamat saya dan mengikut Dia sebagai Tuhan saya mulai hari ini dan seterusnya. Dalam Nama Yesus, amen."

Adakah anda berdoa untuk menerima Yesus Kristus dan memulakan hubungan dengannya?

Ya, saya berdoa

Tidak, tetapi saya mempunyai soalan

Bergerak ke seterusnya untuk lebih jelas

Kisah Keselamatan – Doa Keselamatan – Doa Keselamatan – Perbualan Nyata Pertama Kita dengan Tuhan

"Doa keselamatan" adalah doa yang paling penting yang pernah kita doakan. Apabila kita bersedia untuk menjadi seorang Kristian, kita bersedia untuk melakukan perbualan sebenar pertama kita dengan Tuhan, dan ini adalah komponennya:

- Kami mengakui bahawa Yesus Kristus adalah Tuhan; bahawa Dia datang ke bumi sebagai seorang manusia untuk menjalani kehidupan tanpa dosa yang tidak dapat kita jalani; bahawa Dia telah mati menggantikan kita, supaya kita tidak perlu membayar hukuman yang sepatutnya.
- Kita mengaku dosa masa lalu kita - hidup untuk diri kita sendiri dan tidak mentaati Tuhan.
- Kami mengakui kami bersedia untuk mempercayai Yesus Kristus sebagai Penyelamat dan Tuhan kami.

- Kami meminta Yesus masuk ke dalam hati kita, tinggal di sana, dan mula hidup melalui kita.

Doa Keselamatan - Ia Bermula dengan Iman kepada Tuhan

Apabila kita berdoa doa keselamatan, kita memberitahu Tuhan bahawa kita percaya Firman-Nya adalah benar. Dengan iman yang Dia berikan kepada kita, kita memilih untuk percaya kepada-Nya. Alkitab memberitahu kita bahawa " *tanpa iman tidak mungkin berkenan kepada-Nya, sebab barangsiapa datang kepada Allah harus percaya bahwa Dia ada, dan bahwa Dia memberi upah kepada orang yang bersungguh-sungguh mencari Dia* " (Ibrani 11:6).

Jadi, apabila kita berdoa, meminta Tuhan untuk anugerah keselamatan, kita menggunakan kehendak bebas kita untuk mengakui bahawa kita percaya kepada-Nya. Pertunjukan iman itu menyenangkan Tuhan, kerana kita telah memilih untuk mengenal Dia dengan bebas.

Doa Keselamatan – Mengaku Dosa Kita

Apabila kita berdoa doa keselamatan, kita mengakui bahawa kita telah berdosa. Seperti yang dikatakan Alkitab tentang semua orang, kecuali Kristus sahaja: " *Sebab semua orang telah berbuat dosa dan telah kehilangan kemuliaan Allah* " (Roma 3:23).

Berdosa adalah semata-mata tidak mencapai sasaran, seperti anak panah yang tidak tepat mengenai mata. Kemuliaan Tuhan yang tidak kita perolehi hanya terdapat dalam Yesus Kristus: " *Sebab Allah yang memerintahkan supaya terang bersinar dari kegelapan, yang telah bercahaya di dalam hati kita untuk memberikan terang pengetahuan tentang kemuliaan Allah di wajah Yesus Kristus* " (2 Korintus 4:6).

Doa keselamatan, kemudian, mengakui bahawa Yesus Kristus adalah satu-satunya manusia yang pernah hidup tanpa dosa. " *Sebab Dia yang tidak mengenal dosa telah dibuat-Nya menjadi dosa karena kita, supaya di dalam Dia kita dibenarkan oleh Allah* " (2 Korintus 5:21).

Doa Keselamatan – Mengaku Iman kepada Kristus sebagai Juruselamat dan Tuhan

Dengan Kristus sebagai standard kesempurnaan kita, kita kini mengakui iman kepada-Nya sebagai Tuhan, bersetuju dengan Rasul Yohanes bahawa: " *Pada mulanya adalah Firman (Kristus), dan Firman itu bersama-sama dengan Allah, dan Firman itu adalah Allah. Dia pada mulanya bersama-sama dengan Allah. Segala sesuatu dijadikan melalui Dia, dan tanpa Dia tidak ada sesuatu pun yang telah dijadikan yang telah dijadikan* " (Yohanes 1:1-3).

Kerana Tuhan hanya boleh menerima pengorbanan yang sempurna, tanpa dosa, dan kerana Dia tahu bahawa kita tidak mungkin mencapainya, Dia mengutus Anak-Nya untuk mati bagi kita dan membayar harga yang kekal. " *Karena begitu besar kasih Allah akan dunia ini, sehingga Ia telah mengaruniakan Anak-Nya yang tunggal, supaya setiap orang yang percaya kepada-Nya tidak binasa, melainkan beroleh hidup yang kekal* ." (Yohanes 3:16).

Doa Keselamatan – Katakanlah & Bermaksud Sekarang!

Adakah anda bersetuju dengan semua yang anda baca setakat ini? Jika anda melakukannya, jangan tunggu sebentar lagi untuk memulakan hidup baru anda dalam Yesus Kristus. Ingat, doa ini bukan formula ajaib. Anda hanya meluahkan isi hati anda kepada Tuhan. Doakan ini bersama kami:

"Bapa, saya tahu bahawa saya telah melanggar undang-undang-Mu dan dosa-dosa saya telah memisahkan saya daripada-Mu. Saya benar-benar minta maaf, dan sekarang saya ingin berpaling dari kehidupan berdosa saya yang lalu kepada-Mu. Tolong ampuni saya, dan bantu saya mengelakkan dosa lagi. Saya percaya bahawa anak-Mu, Yesus Kristus telah mati untuk dosa-dosa saya, telah dibangkitkan dari kematian, masih hidup, dan mendengar doa saya. Tolong saya menjemput Yesus dalam kehidupan saya ke hadapan, untuk memerintah saya pada hari ini. utuskan Roh Kudus-Mu untuk menolongku menaati-Mu, dan untuk melakukan kehendak-Mu

sepanjang hidupku. Dalam nama Yesus aku berdoa, Amin.

Doa Keselamatan – Saya telah berdoa; Sekarang Apa?

Jika anda telah berdoa doa keselamatan ini dengan keyakinan dan hati yang benar, anda kini adalah pengikut Yesus. Ini adalah fakta, sama ada anda rasa berbeza atau tidak. Sistem keagamaan mungkin menyebabkan anda percaya bahawa anda sepatutnya merasakan sesuatu - cahaya hangat, kesemutan atau pengalaman mistik lain. Hakikatnya, anda boleh, atau mungkin tidak. Jika anda telah berdoa doa keselamatan dan bersungguh-sungguh, anda kini adalah pengikut Yesus. Alkitab memberitahu kita bahawa keselamatan kekal anda adalah selamat! " *Supaya jika kamu mengaku dengan mulutmu sebagai Tuhan Yesus dan percaya dalam hatimu, bahwa Allah telah membangkitkan Dia dari antara orang mati, kamu akan diselamatkan* " (Roma 10:9).

Selamat datang ke keluarga Tuhan! Kami menggalakkan anda sekarang untuk mencari gereja tempatan di mana anda boleh dibaptis dan berkembang dalam pengetahuan Tuhan melalui Firman-Nya, Alkitab.

Anda juga boleh melawati tapak kami di www.otakada.org yang akan membantu anda berkembang dan berkembang dalam Kristus

Menggunakan pautan ini dalam kajian bible penemuan untuk menemui Yesus sendiri https://www.otakada.org/dbs-dmm/

Perjalanan 40 hari Pemuridan

Atau anda boleh memulakan perjalanan 40 hari mengikut kadar anda dalam talian melalui pautan ini https://www.otakada.org/get-free-40-days-online-discipleship-course-in-a-journey-with-jesus/

Jika anda memerlukan bimbingan, hantarkan e-mel ke info@otakada.org

Semoga Tuhan meluaskan hidup anda dan memenuhi anda dengan kegembiraan, kedamaian, kasih sayang dan keharmonian yang hanya dapat diberikan oleh-Nya, amin

Soalan untuk anda!

Maklumat yang dikongsi hari ini, adakah ia masuk akal untuk anda? jika ya, berikan pandangan lanjut. Melangkah ke hadapan, apakah yang akan anda lakukan secara berbeza? Buat komitmen untuk bermula segera!

Jika anda mempunyai soalan susulan, sila tulis semula, hubungi atau sembang kami kerana kami percaya bahawa Roh Tuhan akan memberikan jawapan di luar imaginasi anda yang paling liar. Kami di sini untuk melengkapkan anda untuk menjadi semua yang Tuhan panggil anda untuk menjadi dan untuk dilakukan dalam nama Yesus

Syalom!

Zacharias Godseagle ; Duta Isnin O. Ogbe dan Comfort Ladi Ogbe
Permata Kementerian Helang Tuhan
https://www.otakada.org
ambassador@otakada.org

Buku Lain Terbitan pengarang

Zacharias Godseagle

Prayer: The Mightiest Force in World : Mobilizing 10 million Intercessors for the NATIONS Kindle Edition

by Frank C. Laubach (Author), Zacharias Godseagle (Author) Format: Kindle Edition

4.7 ★★★★☆ 5 ratings See all formats and editions

About the book - Prayer: The Mightiest Force in World - Mobilizing 10 million Intercessors for the NATIONS

Discover the transformative power of prayer in —***"Prayer: The Mightiest Force in the World - Mobilizing 10 million Intercessors for the NATIONS,"*** a compelling Christian nonfiction work urging readers to mobilize a movement of 10 million intercessors. This book, authored by **Frank C. Laubach and Zacharias Godseagle** emphasizes that prayer is a mighty force capable of changing lives, nations, and the world at large.

It challenges individuals to pray boldly and consistently for leaders, communities, and personal breakthrough, highlighting historical examples and testimonials of prayer's impact. With action plans, reflection questions, and journaling sections for individuals

https://www.amazon.com/Prayer-Mightiest-Mobilizing-million-Intercessors-ebook/dp/B0DYJYVKHT

Duta Isnin O. Ogbe

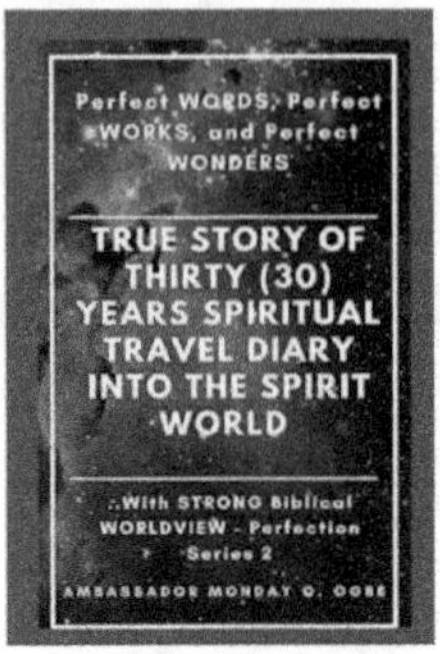

Read sample

True Story of Thirty (30) Years SPIRITUAL TRAVEL Diary into the Spirit World: Perfect WORDS, Perfect WORKS, and Perfect WONDERS

Kindle Edition

by O Ogbe, Ambassador Monday (Author), Peter Tan (Author) Format: Kindle Edition

See all formats and editions

Hello Friends, God is constantly calling His children to the place of perfection. In the garden of Eden, He told our first parent to eat everything except one of the trees. They broke the perfection clause and were driven out of the garden. He told Noah to prepare the ark according to specification and fill it up according to instruction. He told Abraham to walk before Him and be perfect. He told Moses to build the ark of the covenant according to as shown him on the mountain. The perfection clause continued till Jesus time where Jesus said, "I do nothing except what I see my Father doing and He is still calling us today to the place of perfection.

https://www.amazon.com/Story-Thirty-SPIRITUAL-TRAVEL-Spirit-ebook/dp/B0C7YRVSWG

Senarai penuh

https://www.amazon.com/s?k=Ambassador+Monday+O.+Ogbe&ref=nb_sb_noss

Halaman pengarang - https://www.amazon.com/stores/Ambassador-Monday-O.-Ogbe/author/B07MSBPFNX

Selesa Ladi Ogbe sebagai Amanda Daniel

Safeguarding Innocence: A Guide to Protecting Children from Predators Kindle Edition

by Amanda Daniel (Author) Format: Kindle Edition

5.0 ★★★★★ 5 ratings See all formats and editions

In a world where children's safety is a growing concern, Safeguarding Innocence serves as a crucial resource for parents and guardians. This comprehensive guide highlights the importance of awareness and proactive measures to protect children from various threats. It emphasizes open communication, education on safe boundaries, and online safety to equip kids with the tools they need to navigate potential dangers. The book also explores how to respond effectively to suspicious behaviors, the role of legislation, and the significance of community engagement. With sections dedicated to personal stories of resilience and strategies for fostering healthy relationships, this guide empowers caregivers to cultivate a safer environment. Combining practical advice with inspiring narratives, Safeguarding Innocence aims to create a united front against child predation, ensuring that both parents and children can thrive in a secure world.

https://www.amazon.com/Safeguarding-Innocence-Protecting-Children-Predators-ebook/dp/B0DJ5J31CW

https://www.amazon.com/s?k=Amanda+Daniel&crid=2ZF6MSTQ7W4Q0

www.ingramcontent.com/pod-product-compliance
Lightning Source LLC
LaVergne TN
LVHW010940051026
849532LV00003B/1068